Erich Schacht

Erinnerungen an Rußland

VLM

Verlag der
Liebenzeller Mission
Lahr

Die Deutsche Bibliothek – CIP-Einheitsaufnahme

Schacht, Erich:
Erinnerungen an Rußland / Erich Schacht. – Lahr : VLM,
Verl. der Liebenzeller Mission, 1999
   (TELOS-Bücher; Nr. 2409 : TELOS erzählende Paperbacks)
   ISBN 3-88002-693-9

TELOS-Bücher
TELOS-Paperback Nr. 72 409

Alle Rechte vorbehalten, auch der auszugsweisen Wiedergabe und Fotokopie
© Copyright 1999 by Edition VLM im Verlag der St.-Johannis-Druckerei
Umschlaggestaltung: Friedbert Baumann
Umschlagfoto: privat
Gesamtherstellung: St.-Johannis-Druckerei, Lahr
Printed in Germany   13755/1999

Inhalt

Vorwort 7

I. Erinnerungen 9

II. Erkenntnisse 153

III. Dokumente 165

Vorwort

Es war noch in der Breschnewzeit, als ich im Sommer 1980 mit dem damaligen Präsidenten des Martin-Luther-Bundes, Kirchenrat Dr. Eberhardt, eine Besuchsreise zu lutherischen Gemeinden in Sibirien, Kasachstan, Usbekistan und in den Kaukasus machen konnte. Dabei war es uns auch wichtig zu erkunden, auf wen sich die jeweiligen Gemeindeleiter als ihren Bischof einigen könnten, falls die Verhältnisse sich weiter dahin entwickeln. Immer wieder und am meisten wurde genannt: Erich Schacht, den ich damals nur vom Hörensagen kannte. Erst 1988 lernten wir uns kennen. Nachdem ich die Aufzeichnungen dieses zweiten Bandes gelesen habe, ist mir die Problematik umso verständlicher geworden. Und im nachhinein könnte man sagen, daß er damals der heimliche Bischof der Gemeinden war. Mehr Einigung und Traditionstreue war unter den gegebenen Verhältnissen nicht möglich – weniger hätte nicht gereicht.

Mit diesem Bericht ist den vielen mutigen Zeugen der ersten Stunde ein Denkmal gesetzt, ganz gleich, ob es Männer oder Frauen waren, die sich dem Zeugnis des Evangeliums verpflichtet wußten. So manche Brüdergemeinde bestand in ihren Anfängen zunächst nur aus Schwestern einschließlich der Gemeindeleitung. Die alten treuen Mütter und Schwestern haben in jener Zeit eine wichtige Leitungsfunktion wahrgenommen, bevor sie dann später die Leitung fähigen Brüdern übergaben. Gegenüber den Ämtern und Behörden waren sie unangreifbarer wie danach auch die alten Brüder, die keine Drohung mehr schrecken konnte. Dennoch verjüngte sich mit der Zeit der Bestand der Leiter und Mitarbeiter in den Gemeinden. Mit viel Tatkraft und Opferbereitschaft entstanden Bethäuser, Zubringerdienste und Gemeindestrukturen, die wieder deutlich als *lutherisch* erkennbar waren. Das ist ein rühmliches Kapitel rußlanddeutscher Frömmigkeit. Und es ist ein wichtiges Bindeglied in der Tradition und Kontinuität der Evang.-Luth. Kirche Rußlands in ihrer schwersten Zeit. Deshalb wird dieser Band auch für spätere Generationen von großer Bedeutung sein.

Pastor Siegfried Sprin
Vorsitzender der Kirchlichen Gemeinsc
der Evang.-Luth. Deutschen aus Rußlan

I. Erinnerungen

Nach einem Gespräch mit dem Generalsekräter des Martin-Luther-Bundes, Pastor Dr. h.c. Peter Schellenberg, sagte er mir: »Schreiben Sie doch bitte Ihre Erlebnisse nieder.« Eine Woche vor dem Erscheinen des ersten Buches ist Pastor Dr. h.c. Peter Schellenberg am 28.09.1997 leider verstorben.

Meine Erlebnisse waren von Kindheit an mit Gottes Segen und Wundern begleitet. Auch hier in Deutschland habe ich besondere Wunder erlebt. Eins der vielen Wunder war die Wiedervereinigung Deutschlands – eine friedliche Revolution ohne Blutvergießen. Auch in Rußland geschah ein großes Wunder! Die Spötter und Verfolger der Christen müssen sehen, wie die Kirchen wieder den Gläubigen zurückgegeben werden. Von weither hört man die Glocken läuten. Klänge, die vorher unvorstellbar waren. Wie kommt es aber zu solchen Wundern? Der Schlüssel liegt in den Gebeten der Gläubigen.

Gottlob Ickert in Nowosibirsk

Bruder Gottlob Ickert hielt schon in den fünfziger Jahren heimlich Gebetsversammlungen in Nowosibirsk. 1963 wurde er zum Leitenden Bruder gewählt. Gast der Gemeinde war oft Oberpastor Kalnins. Auch Dr. Paul Hansen besuchte sie 1978 zusammen mit H. Kalnins auf. 1988 wurde Bruder Ickert von Superintendent H. Kalnins zum Propst ernannt. Und als Superintendent Kalnins in Riga zum Bischof gewählt und eingeführt wurde, war auch Propst Ickert dabei. Er führte seinen Dienst bis zum Jahre 1993 gewissenhaft aus. Volle 30 Jahre wirkte er in der Gemeinde in Nowosibirsk.

Sein Dienst in Rußland war von vielen schweren Erlebnissen begleitet. So holte man ihn eines Tages mit einem Dienstwagen zum Beauftragten für religiöse Angelegenheiten ab. Vier Männer versuchten, ihre ganze »Kunst« anzuwenden, um ihn zu veranlassen, dem Glauben abzusagen und den Dienst in der Gemeinde aufzugeben. Die harte Unterredung zog sich bis zwei Uhr nachts hin. Von Drohungen begleitet, wurde er dann endlich freigelassen. Aber er mußte den 10 km weiten Weg nach Hause zu Fuß gehen, auch über die große Brücke des sibirischen Stromes. »Müde und hungrig ging ich und sang mir Trost- und Danklieder, bis ich zu Hause ankam« erzählte er später. »Meine Frau schlief nicht; sie hatte die ganze Zeit geweint und gebetet. Als ich ins Haus eintrat, war meine Frau tief erschrocken: ›Bist du zu Fuß und über die große, dunkle Brücke gekommen?‹ ›Ja, meine Liebe, ich habe Lieder gesungen...‹«

Es könnte ein Buch daraus werden, wenn dieser sibirische Verkündiger der Frohen Botschaft seine Erinnerungen noch hätte niederschreiben können. So freue ich mich, wenigstens diese kleine Episode aus seinem Leben wiedergeben zu dürfen. Seit 1993 lebte er in Göttingen. Trotz schwacher Gesundheit half er noch als 77jähriger in der dortigen Gemeinde der Rußlanddeutschen, die Frohe Botschaft weiterzusagen. Im August 1997 hatte ich zuletzt die Freude, ihn und seine Frau zu besuchen. Am 19. September 1998 ist er nach längerer Krankheit gestorben.

Elisabeth Hanson in Zelinograd

Elisabeth Hanson wohnte im Jahre 1931 mit ihrer Mutter und zwei Schwestern zusammen. In jenem Jahr kam ihr Vater Pastor Arthur Hanson von der ersten Haft frei und fand seine Familie in der Nähe von Moskau. Er wurde als Berater im Evangelischen Oberkirchenrat Moskau tätig. Im Jahr 1937 wurde er wieder verhaftet und kam aus dem Lager nicht mehr zurück. Auch Frau Hanson wurde mit ihren drei Töchtern verhaftet. Elisabeth und Käthe kamen nach 10 Jahren unmenschlicher Behandlung wieder frei, während ihre Mutter und die dritte Schwester im Lager umgekommen sind. Elisabeth und Käthe wohnten in Zelinograd und waren in der Gemeinde bei Pastor Eugen Bachmann tätig.

Es dauerte oft sieben bis acht Jahre, bis aus Moskau ein Bescheid der beantragten Registrierung eintraf. Aber dann wurde sie noch lange bei den ländlichen Behörden zurückgehalten. Um die Registrierung der Gemeinde in Zelinograd zu bekommen, machte die Tochter des Pastors Arthur Hanson, Elisabeth, die Reise nach Moskau zu Pastor Arthur Pfeiffer. Dieser ging mit Elisabeth Hanson zum Ministerium für religiöse Angelegenheiten. Dort wurde ihnen die Bitte der Gemeinde von Zelinograd kurzerhand abgeschlagen. Pastor Pfeiffer ging daraufhin mit Schwester Elisabeth Hanson und ihrem Bittgesuch zum Obersten Sowjet der SSR, um dort die Registration zu erbitten. Die Türen zu dem Gebäude wurden aber von der Miliz bewacht. Am ersten Tag wurden Pastor Pfeiffer und Elisabeth Hanson beim Versuch, zu den Behörden in den Obersten Sowjet zu gelangen, dreimal von der Miliz von den Stufen des Gebäudes hinuntergestoßen. Am nächsten Tag versuchten sie es wieder. Diesmal hatte Pastor Arthur Pfeiffer sein Brustkreuz umgehängt und machte es kurz vor dem Ministeriumsgebäude sichtbar. Er redete freundlich mit der Miliz und bat um Einlaß ins Ministerium, denn es handele sich um religiöse Angelegenheiten. Die Wache bat ihn, von den Stufen herunterzusteigen und zu warten. Nach zwei Stunden kam ein Mann aus dem Gebäude die Stufen herunter und redete mit Pastor Pfeiffer und Elisabeth Hanson und nahm sie mit in das Haus, wo sie mit dem Bevollmächtigten für Religionsangelegenheiten im Obersten Sowjet eine ausführliche Unterredung hatten. Schließlich wurde ihnen die Registrierung der Gemeinde Zelinograd zugesagt. Tatsächlich wurde das Dokument nach einiger Zeit im Jahre 1957 der Gemeinde ausgehändigt. Elisabeth Hanson war eine echte Christin, die sich für die Neubelebung der Evangelisch-Lutherischen Kirche ganz einsetzte.

Auch Pastor Eugen Bachmann hatte es in seinem Dienst in Zelinograd später nicht leicht. Die Gemeinde in Zelinograd war für die atheistischen Behörden und die antireligiösen Institute wie ein Experimentierfeld. Hier wollte man sehen, was man zu tun hatte, um den Rest der Gläubigen von ihrem Glauben abzubringen. Dazu wurde ein komplizierter Mechanismus eingesetzt: die atheistische Propaganda und die Spitzelarbeit unter den Gläubigen, mit der die Einigkeit unter den Brüdern durch eingeschleuste Ungläubige untergraben werden sollte. Auf verschiedene Weise griff man die Leiter an, um ihre Gemeinde zu sprengen. Aber die den Heiland Jesus Christus lieb hatten, unterstützten die Kirche und ihre Diener materiell und mit treuem Gebet. Und Gott erhörte sie. Die Gemeinde wuchs trotz allen Widerstands der bösen, gottlosen Menschen. Das Experiment ging zugunsten der Gläubigen aus.

Pastor Bachmann konnte sogar begabte Brüder zum Dienst in den Gemeinden einsegnen. Heimlich besuchte er andere Gemeinden auf ihre Einladungen hin und führte alle kirchlichen Amtshandlungen durch. Oft bekam er es dabei mit KGB-Behörden zu tun und erhielt einmal eine Geldstrafe auferlegt. Weil aber das Experiment zeigte, daß der christliche Glaube lebendig ist, griffen die ergrimmten KGB-Behörden wieder zu alten Methoden. Da die führenden Brüder dem Staat bekannt waren, wurde gegen sie wieder die Maschinerie der Grobheiten eingeschaltet. Durch lügenhafte Spitzel wurden falsche Zeugen angeworben und Gerichtsprozesse der unverschämtesten Art durchgeführt. Manche Brüder und Schwestern wurden mit bis zu 25 Jahren Konzentrationslager verurteilt.

Pastor Eugen Bachmann mit zwei Brautpaaren in Zelinograd

Im Juli 1966, als uns Pastor Arthur Pfeiffer wieder in Sysran besuchte, wurde unsere Tochter Olga, die am 10. Juni 1966 geboren wurde, von ihm getauft, und ich wurde ordiniert. Ich bekam mein Ordinationszeugnis in deutsch und russisch ausgehändigt, in deutsch am 3.9.1966 von Pastor Pfeiffer und in russischer Fassung am 28.6.1967 über Pastor Eugen Bachmann, weil die russischen Behörden den deutschen Ordinationsschein nicht lesen konnten. Auf meinen vielen Reisen zu den Gemeinden mußte ich den

Behörden mein Ordinationszeugnis oft vorweisen in russischer Sprache. Eine offizielle Erlaubnis, Gemeinden zu besuchen, bekam ich nicht, andererseits aber viele Drohungen von seiten des Vorsitzenden des Staatskomitees und des KGB.

Immer mehr Briefe erreichten uns, in denen um Hilfe gebeten wurde. Pastor Pfeiffer richtete seine Dienstpläne nach den eingegangenen Anfragen. Wenn ich zu ihm nach Moskau kam, haben wir die vielen Briefe gelesen und die Orte ausgesucht, die besucht werden sollten. Manchmal fehlte es auch am Nötigsten, denn wir hatten acht Kinder. Da griff er in seine Tasche, und ich konnte die Reise antreten und die nötige Hilfe leisten. Die Brüder und Schwestern erstatteten mir die Ausgaben.

Erzbischof Janis Matulis aus Riga Letland

Nach dem Tod des Erzbischofs Albert Freijs am 22.11.1968 versammelten sich Pröpste und Pfarrer und einigten sich darauf, Pfarrer Janis Matulis zum Erzbischof von Lettland zu wählen. Die Generalsynode wählte ihn somit am 22.02.1969 trotz allen Widerstandes des »Rates für religiöse Angelegenheiten« zum Erzbischof der Evangelisch-Lutherischen Kirche Lettlands. Nach seiner Weihe und Amtseinführung ging der neue Erzbischof Matulis mit Gottes Kraft und Segen und auch mit der Gebetsunterstützung der Gläubigen freudig an die Arbeit. Gleich zu Anfang gab es harte Zusammenstöße mit der atheistischen Obrigkeit. Erzbischof Matulis erlaubte nicht, daß die fünf Kirchen, die vom Staat und von seinem Vorgänger als baufällig eingestuft worden waren, geschlossen wurden. Er fing an, alles wieder aufzubauen, was vom Vorvorgänger Erzbischof Gustav Turs vernachlässigt worden war. Deshalb entbrannte der Zorn des »Bevollmächtigten für religiöse Angelegenheiten« über Erzbischof Janis Matulis, der mir einmal bekannte: »Erich, nur das Gebet der Frommen erhält mich. Dreimal wurde ich auf das ›Amt für religiöse Angelegenheiten‹ gerufen, wo man mich arg bedrängte, das Bischofsamt niederzulegen. Aber in der Kraft des Herrn bestand ich fest darauf, daß ich von der Synode gewählt sei und solange mir Gott Kraft schenke, würde ich die Arbeit mit Freuden tun.« So wucherte er mit seinen Pfunden, und Gottes Segen war mit ihm.

Unsere Mutter

Unsere Mutter war uns bis in ihr hohes Alter eine große Hilfe und ein Segen Gottes. Als ich die vielen Gemeinden besuchte, sagte sie oft zu mir: »Reise nur in Gottes Namen, ich bete für dich.« Sie half meiner Frau, wo sie es nur konnte. Unzählige Wermutstropfen mußte sie in ihrem Leben kosten, doch sie ist nie verbittert gewesen. Sie wußte, bei wem sie sich Trost, Kraft und neuen Lebensmut holen konnte, und das hat sie auch uns gelehrt. Am 10. Januar 1975 hat Gott sie im Alter von 85 Jahren zu sich geholt. Ihr Wunsch war, alle Kinder und Enkelkinder bei Jesus zu sehen.

Missionar Feldmanis aus Lettland

Pastor Feldmanis war 18 Jahre Missionar in China gewesen und wurde 1960 von dort ausgewiesen. Er durfte aber nicht nach Riga zurück, sondern wurde zu zehn Jahren Konzentrationslager verurteilt, die er im Gebiet Tomsk in einer Ziegelfabrik abarbeitete. Danach wurde er entlassen und konnte nach Riga kommen. Er war

Erzbischof Janis Matulis (vorne Mitte) mit seinen Pröpsten aus Riga/Lettland

ledig. Erzbischof Matulis mußte sich einige Jahre darum bemühen, bis die weltliche Obrigkeit erlaubte, Feldmanis wieder als Pastor arbeiten zu lassen. Erzbischof Matulis bat Pastor Feldmanis, die Kirche am andern Ufer der Düna zu restaurieren. Pastor Feldmanis, den ich mit Schwester Willia Freiberger einmal besuchte, erzählte mir selbst: »Ich schaute mir die Kirche an. Alle Dielen und Fenster mußten neu gemacht werden. Das Konsistorium aber durfte dafür kein Geld geben. Alles mußte mit Spenden der eigenen Gemeinde finanziert werden, die aber nur in geringem Umfang zur Verfügung standen. So machte ich mich auf und ging aus Antrieb des heiligen Geistes von Haus zu Haus und legte meinen Landsleuten die vernachlässigte Kirche ans Herz. Viele wurden willig zu helfen. Wer nur irgend konnte, praktisch oder materiell, der half. Am angekündigten Tag krempelte ich mir die Ärmel hoch und machte mich an die Arbeit. Alles Nötige wurde gekauft und von früh bis spät lief die Arbeit, während die alten Gemeindeglieder spendeten und beteten. Das altersschwache Glockenseil wurde ausgewechselt, und das Glöcklein schallte bald wieder weit über die Dörfer und die Düna hinaus. In kurzer Zeit war ein Saal fertiggestellt, in dem wir Gottesdienst halten konnten. Von der Kirche bis zum Ufer des Flusses hinaus warteten viele Menschen. Sobald der Klang des Glöckchens an ihre Ohren drang, kamen sie scharenweise zur Kirche herauf, viele nur aus Neugier, aber auch viele, um Gottes Wort zu hören. Die Renovierung der Kirche war noch nicht ganz fertiggestellt, als Erzbischof Matulis mir zusagte: ›Gottes Segen sei mit dir, Bruder. Nimm dich auch der Kirche an, die 60 km von hier entfernt liegt!‹ Ich aber nahm auch diesen Auftrag. Damals hatte ich schon mein kleines Auto. Und auch hier kamen die Christen zusammen. So schafften wir es bald, daß ein Saal fertig wurde, in dem wir dann auch dort Gottesdienst halten konnten, zu dem die Menschen aus verschiedenen Gemeinden und Städten der Umgebung kamen. Noch eine dritte Kirche konnten wir mit Gottes Hilfe fertigstellen. In zweien von ihnen mußte ich eine geraume Zeit predigen, und Schwester Willia spielte zu den Gottesdiensten immer die Orgel.« Soweit erzählte Feldmanis.

Erinnerungen an Estland

Erzbischof Alfred Tooming aus Tallin/Estland

Meine Reisen in das Baltikum ließen sich so gestalteten, daß ich jedesmal auch Estland besuchen konnte. Erzbischof Alfred Tooming in Tallin war ein tapferer Christ. Er freute sich immer sehr, wenn ich im Konsistorium die Tür aufmachte, kam mir strahlend entgegen und zeigte mir gleich, was er für die Christen in Rußland vorbereitet hatte. Er sagte jedesmal: »Komm bald wieder.« Er schrieb sich alles auf, was ihm von meinen Informationen wichtig erschien über den geistlichen Zustand unserer Lutherischen Kirche in Rußland, unsere Not usw. Und er gab freudig mit, was er zur Verfügung hatte.

Sehr freundlich und hilfsbereit war auch August Lepin, der estnische Generalsekretär aus dem Konsistorium in Tallin. Dort war er immer der erste, der mich empfing, und der letzte, der mich mit guten Informationen entließ oder mich begleitete, denn das Konsistorium wurde beobachtet.

Für mich hatten die lieben Brüder immer christliche Literatur in deutscher und russischer Sprache vorrätig, und damit mir diese nicht auf meinem Weg vom Konsistorium zum Bahnhof abgenommen werden konnte, ging ich den Weg so, wie Generalsekretär Lepin ihn mir beschrieb. Einmal, es war 1977, ging ich wieder einmal zum Konsistorium. Als ich die Tür öffnete, sah mich

Erzbischof Tooming sofort und sagte: »Ich betete vorgestern, der Herr Jesus möchte dich doch vorbeischicken, und nun bist du da. Schau mal unter meinen Tisch. Achtzehn Pakete von Herrn Burchard Lieberg aus der Bundesrepublik Deutschland warten auf dich. Nimm sie heute mit fort, denn morgen bekommen wir unerwünschte Gäste.« Mit Freudentränen in den Augen drückte ich Erzbischof Tooming die Hand und machte mich an die Arbeit. In vier Gängen trug ich die teuren Bücher zum Bahnhof, legte sie in die Kofferaufbewahrung, kaufte drei Koffer und verpackte sie. Schnell fort mit dem Segen des Bischofs und des Generalsekretärs, dachte ich mir.

Nach Hause fuhr ich wieder über Riga, wo ich mich wieder mit Erzbischof Matulis traf. Schon in Tallin hatte mir Frau Toomet Leida, eine mir bekannte Glaubensschwester, erzählt, was inzwischen mit Erzbischof Matulis geschehen sei. Das Taxi, in dem er saß, wurde von dem Fahrer gegen einen Betonpfosten gesteuert. Das sollte wie ein Unfall aussehen. Er wurde aber nur wenig verletzt, denn Gott hatte ihn bewahrt. Die Wunde am Kopf heilte bald zu. Das Auto war nur auf einer Seite demoliert. Da es eine eingefädelte Sache war, wurde der Fahrer für nichts verantwortlich gemacht. Als ich zu Erzbischof Matulis kam, umarmten wir uns, weinten und dankten Gott für seinen Schutz.

Dann erzählte ich, wie es mir am Vortag ergangen war, als ich die Bücher vom Konsistorium Estlands zum Bahnhof Tallin trug: Als ich das vierte Mal aus dem Konsistorium ging, stand ein KGB-Mann in Uniform an der Stelle, wo man die Treppe hintergeht, hielt mich an und fragte: »Was tragen sie so schwer?« Ich erschrak. Plötzlich sprachen ihn zwei Mädchen mit seinem Namen an. In mir hörte ich eine Stimme: »Gehe weiter!« Ich ging vorüber und schaute mich nicht mehr um. Die Mädchen hatten ihn abgelenkt. Es war in jener Zeit gefährlich, mit neuen christlichen Büchern angetroffen zu werden. Dahinter vermutete man gleich, daß man geheime Verbindungen mit dem Ausland hatte, also Spionage trieb. Aber Gott beschützte mich. Erzbischof Matulis sagte daraufhin: »Der Evangelist Matthäus schreibt, daß der Herr Jesus seine Diener wissen ließ, was ihnen im Dienst begegnen würde. Er sagte ihnen aber auch, daß er bei ihnen sei alle Tage bis an der Weltzeit Ende.« Nach einer gesegneten Stunde ging ich wieder von Erzbischof Matulis mit einer Last Bücher weg zum Bahnhof.

Bevor der Zug abfuhr, besuchte ich noch, wie jedes Mal, Oberpastor Harald Kalnins, der sich seit vielen Jahren von Herzen um die evangelisch-lutherischen Brüder und ihre Gemeinden in Rußland kümmerte. Auch er hielt heimlich Gottesdienste. Da gab es viel zu erzählen von den Nöten und den Aufträgen, die zu erfüllen waren.

Solche Reisen nahmen immer eine ganze Woche in Anspruch:
- montags: Abreise von Sysran über 1000 km bis Moskau;
- dienstags: morgens in Moskau; abends 1000 km von Moskau nach Tallin;
- mittwochs: von dort abends 500 km weiter nach Riga;
- donnerstags: von dort abends 1000 km nach Moskau;
- freitags: morgens in Moskau und nachmittags 1000 km zurück nach Sysran,
- wo ich sonnabends wieder eintraf.

Insgesamt waren es dann 4.500 km in fünf aufeinanderfolgenden Nächten nur im Zug. Das konnte ich mir nur leisten, weil ich während meiner Arbeit als Elektriker meistens viele Überstunden hatte. Denn dort kamen die Arbeitskollegen oft in betrunkenem Zustand zur Arbeit, durften diese dann aber nicht antreten. So wurde ich meistens gebeten, ihre Arbeit zu übernehmen. Dafür bekam ich dann frei, wenn ich ein paar Ruhetage nötig hatte.

Jedesmal auf meinen Reisen ins Baltikum konnte ich Pastor Arthur Pfeiffer in Moskau besuchen. Er selbst konnte seit 1969 keine Reisen mehr unternehmen, da ein Schlaganfall ihn ziemlich beeinträchtigt hatte. In Moskau mußte ich oft Lebensmittel besorgen, die ich in der Nähe von Pastor Pfeiffers Wohnung kaufte und damit einen Besuch bei ihm zum Besprechen des Nötigsten verband.

Woldemar Eichholz

1971 bat mich Pastor Arthur Pfeiffer, Gemeinden in Kirgisien zu besuchen. So fuhr ich nach Wasilewka, Dshangitscher, Frunse, Tokmak und Kant. Die Gemeinde Wasilewka im Winsowchos hatte sich ein Bethaus gebaut, das eingeweiht werden sollte. Dazu sollte auch jemand von den Brüdern zum Predigeramt eingesegnet werden. Den Parteimännern war es gelungen, einen Teil der alten Brüder furchtsam zu machen. Wer sich registrieren läßt, der verschreibt sich dem Bösen; damit versuchte man sie einzuschüchtern. Deshalb gingen die meisten schon gar nicht zur Baustelle und spendeten auch nichts. Ein junger Bruder, Woldemar Eichholz, der sein Herz dem Heiland gegeben hatte, nahm jetzt auch den Gottesdienst und die Gebetsversammlung in sein Haus auf. Als das aber die Behörden erfuhren, verboten sie den Gottesdienst und erlegten ihm Geldstrafen auf. Eichholz aber sagte zur Obrigkeit: »Also haben wir Deutschen kein Recht, Gottesdienst zu halten?« Die Antwort lautete: »Nur in einem extra dazu gebauten Haus, und das nur mit Genehmigung aus Moskau. Die nächste Strafe für eine Verletzung des Gesetzes bringt ein doppeltes Strafmaß, und es wird dem Gericht weitergeleitet.« Nach dieser Androhung gingen die Gottesdienstbesucher traurig auseinander. Aber ein Häuflein Gläubiger betete inbrünstig: »Herr Jesus, hilf du. Wir und unsere Kinder brauchen dein teuer wertes Wort, sonst siegt die Gottlosigkeit, und wir gehen verloren.« Und Gott erhörte das Gebet und sein Geist wirkte in dem Schwächsten. Woldemar Eichholz hatte keine Schule besuchen können, und konnte deshalb nicht einmal die Predigt recht lesen. Ausgerechnet er ermutigte die, die dennoch heimlich zum Gottesdienst kamen: »Es wurde uns doch gesagt, wir sollten uns ein Haus anschaffen, dann würden wir eine Erlaubnis bekommen, offen Gottesdienst zu halten. Laßt uns deshalb ein Haus suchen, das wir mit unseren Opfern kaufen und entsprechend einrichten.«

Da gab es verschiedene Meinungen. Aber die ernsten Christen spendeten. Sie gingen von Haus zu Haus und fanden viele offene Herzen. Die Spenden reichten aus, und die Arbeit ging los. Ein gekauftes Haus wurde umgebaut. In zwei Monaten waren das Haus und der Hof und eine Wohnung für Wächter und Putzfrau fertig. Jetzt mußte die Obrigkeit um Erlaubnis gebeten werden, Gottesdienst halten zu dürfen. Das Haus mußte dem Staat überschrieben werden, denn laut Gesetz durften Gemeinden keine Gebäude besitzen. Wer sollte aber zur Behörde gehen? Wieder, wie auch beim Kauf und Bau, war es Woldemar Eichholz. Tagelang ging er hin, bekam aber immer wieder eine Absage. Die Dorfsowjets wollten im Dorf kein Bethaus, hieß es, und noch verschiedene andere Ausreden und Grobheiten bekam er zu hören. Als Bruder Eichholz zum drittenmal vorsprach, sagte der Vorsitzende: »Eichholz, wenn du ein wenig gescheit wärest, so könnten wir mit dir reden. Aber du wirst durch eine Tür hinaus getrieben und kommst zur anderen wieder herein.« – »Ja,« antwortete Eichholz, »als sie bei uns waren und uns auseinanderjagten, sagten sie: Kauft euch ein Haus, dann bekommt ihr die Erlaubnis, Gottesdienst zu halten; das waren ihre Worte. Und jetzt haben wir eines und bitten um Erlaubnis zu singen und zu beten.« – »Morgen kommt eine Kommission, die wird untersuchen, was ihr da gebaut habt.« Die Kommission kam und untersuchte alles. Und weil alles gut gemacht war und die Feuerwehr nichts einzuwenden hatte, bekamen nach vielen Strapazen die Brüder die Erlaubnis zu singen und zu beten, soviel sie wollten.

Pastor Arthur Pfeiffer, der schon Ende der 50er und oft in den 60er Jahren die Gemeinde heimlich besucht hatte, schickte mich nun, weil er selbst krank war, das Bethaus einzuweihen und einen leitenden Bruder einzusegnen. Die Erlaubnis vom Staat war da, und so konnte das Bethaus im Oktober 1971 eingeweiht werden. An diesem Sonntag mußte aber auch ein Bruder als Seelsorger der Gemeinde im Winsowchos eingesegnet werden. Pastor Pfeiffer hatte mich beauftragt, einen ganz bestimmten Bruder, den die Gemeinde haben wollte, zum Dienst einzusegnen. Als ich ihn fragte, wer es sein sollte, hatte er Woldemar Eichholz genannt. Ich war schon seit Donnerstag bei Familie Eichholz im Haus, freute mich über ihren Glauben und ihre Gastfreundlichkeit. Woldemar hatte wegen einer Zwangsumsiedlung keine Schule absolvieren können. Erst als er und seine Frau sich zu Christus bekehrten, lernten sie notdürftig lesen und schreiben. Da gab es für mich Schwierigkeiten. Ich sagte zu den Brüdern: »Woldemar kann die Predigt nicht lesen, wie soll er denn den Gottesdienst halten?« – »Na,« so hieß es, »der alte Bruder Resch kann die Predigt lesen. Bruder Woldemar hält die Liturgie und sagt die Lieder vor, weil es doch keine Gesangbücher gibt. Er übernimmt die Taufen, das Abendmahl, die Begräbnisse und andere Aufgaben.« Darüber mußte ich mir bei Jesus Klarheit erbitten. Ich betete inbrünstig zum Herrn, und die Antwort kam: »Eichholz!« Nach der Einweihung des Hauses am Sonntagvormittag wurde am Nachmittag Bruder Eichholz von mir zum Prediger eingesegnet. Ich legte der Gemeinde ihren Bruder ans Herz, sie möchten recht ernst für ihn beten, ihm, wo es nötig ist, behilflich sein, so würde der Herr Jesus ihn segnen, daß er auch der Gemeinde viel Segen bringen könne.

Die Gemeinde wuchs schnell. Das Bethaus war im Vormittagsgottesdienst wie auch am Nachmittag in der Gebetsversammlung voll besetzt. Ein Bruder der Mennoniten gründete einen Sängerchor. Die alten Brüder, die sich zuvor geweigert hatten zu helfen, kamen nach der Einweihung des Bethauses und baten um Aufnahme in die Gemeinde. Es waren zusammen mit Frauen 44 Personen. Der Konfirmationsunterricht wurde eingeführt. Dazu kamen auch Ältere, die noch nicht konfirmiert waren. Es fehlten vor allem Katechismen, Biblische Geschichten, geistliche Bücher und Gesangbücher. Meine älteste Schwester, Olga Schacht, hat auf meine Bitte hin etwa 300 Katechismen von Hand abgeschrieben. Eine 84jährige Schwester, die erst meinte, sie könne doch nichts mehr für Jesus tun, bat ich darum, und auch sie schrieb etwa 300 Katechismen ab. Viele Lieder wurden auf Tonband aufgenommen, gelernt und gesungen. So entstand eine geistliche Belebung in der Gemeinde. Viele Menschen bekehrten sich zu Christus, jung und alt. Es war eine Freude anzuschauen, wie die Gläubigen auf allen möglichen Transportmitteln zur Kirche kamen. Und die Jugend blieb nach der Konfirmation in der Kirche.

Das gefiel freilich dem kämpferischen Atheismus nicht. Bruder Woldemar Eichholz wurde zur Zielscheibe der Gottlosen. Eine Lehrerin ging zum Parteikomitee und schrie laut: »Was habt ihr gemacht? Ihr habt erlaubt, eine Kirche zu öffnen. Da kommen viele Große und Kleine zum Gottesdienst und zu Gebetsversammlungen!« Die Obrigkeit sagte aber zu der Lehrerin: »Auch sie haben das Recht, zur Kirche zu gehen.« Die KGB-Leute waren jedoch erbittert über Woldemar und seinen Bruder Paul, der auch fleißig mitgeholfen hatte, Kranke zu besuchen, Beerdigungen zu halten und Angehörige zu trösten.

Die Gemeinde betete aber beständig für ihren leitenden Bruder. Gott rüstete ihn aus mit Kraft aus der Höhe, daß er gut lesen lernte, im Sängerchor mitsang, die Konfirmanden unterrichtete und dann konfirmierte. Die Gemeinde zählte schließlich fast 500 Seelen. So gab es viel Arbeit. Dazu mußte er noch seine tägliche Arbeit verrichten, um seine Familie zu ernähren, denn ein Geistlicher durfte keine Geldeinkünfte haben. Alle dienten unentgeltlich.

Spenden gab es nur zur Unterhaltung des Hauses und zur Deckung der Reisekosten.

Weil aber viele Jugendliche zur Kirche kamen, traten die Atheisten durch ihre Parteifunktionäre und deren Helfer offen gegen die Diener der Kirche in Zeitungen auf. Der KGB operierte mit Lügen und Verleumdungen und nicht selten mit massiven Eingriffen. Durch anonyme Briefe mit verschiedenartigen Drohungen gegen die Diener des Herrn wurde das Leben erschwert. Da beteten die Gläubigen: »Herr Jesus, gib Geduld zu tragen.«

Ich besuchte diese Gemeinde und viele andere in Kirgisien, oft auch zwei- oder dreimal im Jahr, obwohl es etwa 3.000 km von Sysran entfernt war. Die Kirgisen, Usbeken, Kasachen und andere wurden gegen die Deutschen aufgehetzt. Schriftlich und mündlich wurde die Deutschen aufgefordert: »Macht euch weg aus unserem Land! Die Russen treiben wir selbst raus!« Durch das wirtschaftliche Chaos nach dem Zusammenbruch des bisherigen Systems verarmte ganz Rußland. Weil sich aber Türen auftaten, wieder in die alte Heimat Deutschland zurückkehren zu können, machten sich viele auf den Weg. Alte und kranke Diener des Herrn verließen ihre Gemeinden und wanderten aus, weil das Leben unerträglich geworden war. Der treue Herr aber machte schwache, ungelernte Brüder, die sich ihm ergeben hatten, zu gesegneten Dienern, durch welche viele Menschen zu Christus fanden.

Gemeinde in Winogradnoje, Gebiet Frunse

Am 24.2.1982 besuchte ich wieder einmal die Gemeinden im Gebiet Frunse. Frühmorgens bei der Eisenbahnstation Pischpek angekommen, mußte ich jedesmal warten, bis es Tag wurde, denn im Dunkeln war es gefährlich zu gehen. Bruder Robert Schmeichel wohnte etwa einen Kilometer von der Eisenbahnstation entfernt. Das Haus Schmeichels diente mir jedesmal als Ruhestation von der langen, dreimal rund 24 Stunden dauernden Reise mit der Eisenbahn. Irma, Roberts Gattin, freute sich immer sehr, wenn wir bei ihr im Hause viele neue christliche Lieder sangen, mit Gitarre begleitet oder vom Tonband vorgespielt. Vierstimmig klang es noch schöner, wenn meine Frau auch mitgekommen war. Morgens nach dem Frühstück mußte ich mich ausruhen. Bruder Robert plante, wie die Zeit am besten zu nützen sei. Er machte sein Auto reisefertig, und dann besuchten wir die Gemeinden. Einen, zwei oder drei Tage konnte es dauern, bis wir zu Familie Eichholz kamen. Wir besuchten auch die Kranken.

Bei Bruder Eichholz angekommen, sagte er gleich: »Sehr gut, daß Sie gekommen sind, wir werden heute im Bethaus einen Trauergottesdienst in russischer Sprache halten. Vor drei Tagen ist ein Unglück passiert. Ein Haus ist durch Gas explodiert. Acht Menschen sind umgekommen. Morgen wollen wir ein Ehepaar beerdigen. Die Ansprache wird im Hause auf deutsch gehalten und auf dem Friedhof in russisch.« So war dann am Abend der Trauergottesdienst. Das Bethaus war voll mit Angehörigen der Verunglückten. Der Chor sang Beerdigungslieder in deutsch und russisch. Der Bestattungstext war aus 2.Kor.5,1-5. Viele waren zum erstenmal bei einer christlichen Beerdigung und hörten dabei Gottes Wort. Am nächsten Tag gingen wir zum Haus, wo das Ehepaar in den Särgen lag. Es war 10 Uhr morgens, aber es waren so viele Trauergäste gekommen, daß die Särge vor dem Haus aufgestellt werden mußten. Die Straßen waren übervoll von Menschen. Auch die Stadtoberen waren anwesend. Der Chor der Sänger kam auch dazu. Der Trauergottesdienst wurde im Hof gehalten. Ich sprach in russischer Sprache über das Textwort aus 1.Thess.4,13-18. Das Wetter war gut. Die vielen Trauergäste hörten aufmerksam zu. Hunderte hörten zum erstenmal eine christliche Predigt. Die Brüder Woldemar und Paul Eichholz hielten auch jeder eine Ansprache in deutsch. Dann ging es zum Friedhof. Der Trauerzug zog sich sehr lang hin, denn es waren viele Menschen. An der Ruhestätte angekommen, wurde das Lied gesungen: »Nun bringen wir den Leib zur Ruh ...« Ich bat, gleich nach dem Lied das laute Weinen zu unterlassen, damit der Gottesdienst nicht gestört wird, und so wurde alles ruhig. Ich wählte das Textwort aus Offb.14,13. Hier mußten Hunderte Trauergäste zum erstenmal die sehr ernsten Worte des Herrn Jesus hören. Die Brüder Woldemar und Paul Eichholz hielten auch noch einmal in deutsch eine Ansprache. Nachdem sich die Verwandten verabschiedet hatten, standen allen Anwesenden Tränen in den Augen, denn in Rußland ist auch auf dem Friedhof der Sarg noch offen. Nach dem Versenken der Särge und dem Segen über den Toten wurde das Lied gesungen:

»Treff ich dich wohl bei der Quelle?« Das Vaterunser beteten viele in russisch mit. Nach dem Entlassungssegen dankte der Direktor vom Winsowchos allen, die an der Trauerfeier teilgenommen hatten, und lud zum Essen in die Speisehalle ein, das auf Kosten der Sowchose gegeben wurde. Als wir uns vom Grabe abwendeten, wurde Woldemar Eichholz von den Gebietsfunktionären zur Seite gerufen. Sie fragten ihn, wer der Mann mit der Priesterkleidung wäre. Eichholz antwortete: »Es ist unser lutherischer Pastor.« – »Sagen Sie ihm, daß wir mit dem Trauergottesdienst zufrieden sind.«

Als wir nach Hause gingen, kamen wir an der Speisehalle vorbei und wurden herzlich gebeten, zum Mittagessen zu kommen. Wir nahmen die Einladung an.

Als das Essen aufgetragen war, standen wir zum Tischgebet auf, und alle, die im Saal waren, erhoben sich auch zum Dankgebet.

Eine Verwandte des beerdigten Ehepaares erzählte uns, daß sie morgens in aller Frühe die beiden Kinder des beerdigten Ehepaares im Krankenhaus besucht hatte. Sie hatten bei den Eltern geschlafen, als die Explosion geschah. Ein Mann entdeckte ein Kind

Bischof Jonas Kalvanas †

Im Alter von 80 Jahren verstarb am 12. Januar 1995 der Bischof der Evangelisch-Lutherischen Kirche in Litauen, Dr. Jonas Kalvanas. Seit 1976 leitete er die kleine Diasporakirche mit ihren rund dreißigtausend Gliedern in fünfzig Gemeinden, die von zwölf Pfarrern betreut werden.

Weit über die eigene Kirche hinaus hatte sich der Heimgegangene – vor allem durch seine engagierte Mitarbeit im Lutherischen Weltbund – hohes Ansehen erworben. Unvergessen bei den Beteiligten sind die Berichte, die der Heimgegangene zur Zeit der kommunistischen Bedrückung in ökumenischen Gremien über das Leben seiner Kirche erstattete. Stets schloß er – unverfänglich, aber deutlich für jeden, der hören konnte – mit dem Satz aus dem Liede Luthers, der für ihn existentielle Aktualität hatte: „Das Wort sie sollen lassen stahn ..."

Bischof Jonas Kalvanas aus Kaunas/Litauen

lebend im Kinderbettchen, es hatte aber beide Hände und Füße gebrochen. Das zweite Kind fand eine Frau etwa 30 m vom Haus entfernt weinend zwischen Viehställen liegen, als die Feuerwehr schon zwei Stunden lang gelöscht hatte. Es hatte viele Glieder gebrochen. Als sie zu den Kindern ins Krankenzimmer kam, fragten sie die Frau: »Warum kommen Mutter und Vater nicht zu uns, wir haben doch so große Schmerzen?« Die Ärzte hatten aber verboten, den Kindern zu sagen, daß die Eltern tot waren. Sie sollten erst die eigene Not verkraften und überleben.

Nach diesem Begräbnis kamen viele zum Gottesdienst, die früher nicht gekommen waren. 1989 ist Bruder Woldemar Eichholz dann nach Deutschland ausgewandert.

Erinnerungen an Litauen

Mit Bischof Jonas Kalvanas wurde ich 1967 in der Wohnung bei Pastor Arthur Pfeiffer in Moskau bekannt. Dort und auch in Riga oder Tallin hatten wir oft gute Gespräche und regen brüderlichen Austausch.

Gemeinde in Alma Ata

1956 besuchte ich zum erstenmal die Gemeinden in Alma Ata, Issyk, Alexandrowka, Sozialism, Turgen, Kaskelen, Winsowchos und einigen anderen Orten. Ich kam später jährlich in das Gebiet von Alma Ata, aber es wurden in den 50er Jahren noch keine Gemeinden registriert mit Ausnahme der in Zelinograd im Jahr 1957. Alle Gottesdienste wurden heimlich gehalten. In der Stadt Alma Ata gab es auch zwei lutherische Gemeinden, die von Pastor Hermann Zielke und Pastor Reinhold Otto geführt wurden. Sie waren von Pastor Eugen Bachmann zum Pastorenamt eingesegnet worden. Mit der Zeit konnten die Häuser die Leute nicht mehr fassen. Da wurde beim Ortsvorsitzenden um Registrierung und Anschaffung eines Hauses ersucht. Aber immer gab es Absagen. Weil in die große Stadt viele Touristen kamen, sollten sie kein deutsches Bethaus sehen, sondern die Gläubigen sollten zu den Baptisten gehen und dort beten. Eine alte Christin stellte ihr Haus für Versammlungen zur Verfügung, aber schon hieß es, das Haus sei zum Kindergarten zu machen. Pastor Zielke bat mich in einem Telegramm, ich solle schnellstens nach Alma Ata kommen. Dort flehten mich die Brüder an, ich solle doch mit einer Bittschrift zum Ministerium für religiöse Angelegenheiten fahren, um das Haus als Bethaus registrieren zu lassen. Pastor Hermann Zielke händigte mir die vorbereiteten Papiere aus. Wir waren zu viert, knieten uns nieder und legten alles dem Herrn Jesus ans Herz. Ich reiste zum Ministerium für religiöse Angelegenheiten nach Moskau. Das Flugzeug brachte mich am Morgen dorthin. Im Sekretariat gab ich die Bittschrift ab, mußte dann aber vier Stunden warten, bis mich Minister Tarasow empfing. Tarasow kannte mich, weil ich schon bei ihm gewesen war wegen des Bethauses der Gemeinde in Tokmak, im Gebiet von Kirgisien, wo Prediger Johann Gudwinn arbeitete. Er fuhr mich grob an: »Bist du schon wieder hier? Es ist dir schon etliche Mal gesagt worden, daß du nicht in die Gemeinden fahren sollst. Muß ich noch härtere Maßnahmen ergreifen?« Ich sagte: »Ich bin als Pastor durch ein Telegramm gebeten worden, die Gemeinde von Alma Ata dringend zu besuchen. Darum war es meine Plicht, dies zu tun.« Er verlangte, das Telegramm und mein Ordinationszeugnis zu sehen. Letzteres zeigte ich ihm in russischer Sprache. Sehr erbost nahm er ein Buch und schrieb einiges hinein, dann drückte er einen Rufknopf. Ein KGB-Mann kam. Tarasow zeigte ihm, was er ins Buch geschrieben hatte, der las es, schaute mich an und warnte mich, ich sollte nicht mehr ins Ministerium kommen. Dann legte mir Tarasow das Buch zur Unterschrift vor. Ich sagte: »Lesen sie es bitte vor.« Er tat es: »Schacht, Erich, Evangelisch-Lutherischer Pastor zu Sysran, wird unterschriftlich gewarnt, keine Gemeinde mehr zu besuchen, andernfalls werden Maßnahmen gegen ihn getroffen.« Ich sagte: »Die Warnung unterschreibe ich, das heißt aber noch nicht, daß ich sie beachten werde, denn es ist meine Pastorenpflicht, den Bitten der Gemeinden nachzukommen.« – »Sie kennen aber jetzt die Folgen,« sagte er. »Sie können jetzt gehen und der Gemeinde schreiben, daß in der Stadt Alma Ata keine Lutherische Gemeinde registriert wird.« Ich sagte: »Dann klagen wir wieder beim Obersten Sowjet.« – »Können Sie«, war die Antwort. Im Vorzimmer fragte der Sekretär: »Was hat man Ihnen gesagt?« – »Sie wollen in Alma Ata keine Kirche registrieren.« – »Doch«, sagte er, »Sie haben Anweisung vom Obersten Sowjet zu registrieren.« Ich bedankte mich für diese Information und ging froh meines Weges. Nach einigen Monaten wurde Pastor Zielke zum Bevollmächtigten des Rates für religiöse Angelegenheiten im Gebiet Alma Ata gerufen, um ihm das Registrationsdokument auszuhändigen. Das Haus war durch die Kommission geprüft und genehmigt worden. Schon nach einigen Jahren mußte es vergrößert werden.

Das Aufgabenfeld war groß. Dazu kam die physisch schwere Arbeit, die zur Ernährung der Familie dienen mußte, wie auch die Anfechtung von seiten des KGB und seiner Helfershelfer in der Gemeinde. Der Kirchenvorsitzende Koch zum Beispiel machte den Brüdern das Leben oft schwer. Pastor Hermann Zielke sagte zu mir: »Denn wer nicht kämpft, trägt auch die Kron des ewigen Lebens nicht davon.« Er und Pastor Reinhold Otto betreuten viele Gemeinden im Gebiet Alma Ata und in anderen Gebieten, bis Reinhold Otto 1978 und Hermann Zielke 1980 in die Bundesrepublik Deutschland auswanderten.

Familie Schledewitz

Von Maria Schledewitz aus Sysran wurde ich gebeten, wenn ich im Winsowchos Alma Ata sein würde, solle ich doch ihre zwei Brüder aufsuchen und sie von ihr grüßen und zum Gottesdienst einladen. Am 8.9.1971 traf ich dann in ihrem Dorf ein und ging gleich zum ältesten Bruder, bestellte die Grüße und lud ihn herzlich zum Gottesdienst ein. Nach einer halben Stunde stellte sich im Gespräch heraus, daß Jakob Schledewitz nicht bereit war, zum Gottesdienst zu kommen. Er begleitete mich noch zu seinem Bruder Johannes, ging aber nicht mit ins Haus. Zum erstenmal kehrte ich hier ein, wurde sehr höflich von Johannes Schledewitz und seiner Frau empfangen. Ihre Tochter strich gerade das Zimmer. Ihre Mutter sagte zu ihr: »Laß das Streichen bis morgen, heute ist Wichtigeres zu tun.« Auf den Tisch kamen ein paar Weidenkörbchen mit Weintrauben verschiedener Art, die mußte ich mir schmecken lassen. Nebenher mußte ich auf viele Fragen antworten. Im Verlauf von vier Stunden war es uns im Gespräch wichtig geworden, daß wir uns abends im Gottesdienst treffen sollten. Schwester Schledewitz wollte noch mein Ja-Wort haben, bei ihnen zu übernachten. Das gab ich gern und Johannes stimmte zu, mit in den Gottesdienst zu kommen.

Vor dem 2. Weltkrieg gingen beide Brüder mit ihren Frauen fleißig zum Gottesdienst. Nach der Zeit der Trudarmee besuchten sie ihn nicht mehr und verloren ganz den Kontakt. Ihre lieben Frauen beteten viel für sie zu Hause und in der Gemeinschaft. Und das tat auch Maria, ihre Schwester in Sysran. Sie wollte doch ihre Brüder wieder wie früher bei Jesus wissen. Der älteste Bruder der Gemeinde, Johann Kamerer, wurde von meiner Ankunft benachrichtigt und freute sich sehr. Wir besprachen am Abend, daß ein neues Wohnhaus eingeweiht werden sollte. Dabei sollte auch gleich dort zum erstenmal eine Gebetsversammlung stattfinden. Schledewitz'

Tochter, die in Aktjubinsk wohnte, jetzt aber auch zu Gast bei den Eltern war, kam auch mit. Bei der Einweihung des Wohnhauses spürten wir die Gegenwart Gottes. Die Wortverkündigung von den Brüdern war vollmächtig. Gottes Geist wehte. In den Herzen brach Freude auf, so daß Johannes Schledewitz auf seine Knie fiel und laut rief:»Herr Jesus, ist es möglich, daß du mir meine Sünden vergibst? Ich bitte darum von Herzen. Mache mich zu deinem Eigentum. Wasche mich rein mit deinem Blut.« Und der Herr Jesus erhörte sein Gebet und das seiner Frau. Mit Freuden stand er auf von den Knien, umarmte seine Frau und sagte:»Deine vielen, langjährigen Gebete hat der Herr Jesus erhört.« Es wurde das Lied gesungen:»Freude ist im Himmel! Denn ein Sünder kehrt wieder zu der Heimat Haus und Herd.« Danach sagte die junge Hauswirtin des neu eingeweihten Hauses:»Wir wollen auch Jesus gehören und wie andere Gottesdienste und Erbauungsstunden bei uns im Haus haben.« Beide knieten nieder und beteten nacheinander und bekannten ihre Sünden vor Gott. Als sie aufstanden, wurden sie von ihren Verwandten umarmt und geküßt. Bruder Johann Kamerer sagte: »Die Gnadenzeit ist wieder da. Wer will noch sein Herz dem Herrn weihen, jetzt gleich?« Und wieder folgten Bitten um Vergebung, und ein Dankgebet löste das andere ab. Dann lobten wir Gott mit unseren Liedern. Die Hauswirtin lud für den Sonntag die Gemeinde ein, bei ihnen den Gottesdienst zu halten. Als wir wieder zu Johannes Schledewitz kamen, wollte Frau Schledewitz sich gar nicht zufrieden geben. Immer wieder umarmte sie ihren Johannes und sagte:»Jetzt brauche ich nicht mehr allein in die Andacht zu gehen.« Ihre Tochter Emma aber hatte noch viel nachzudenken. Sie bereitete das Abendessen vor, und dann stellte sie viele Fragen, die ich beantworten mußte. Inzwischen war es 12 Uhr nachts geworden, aber Emma wollte immer noch nicht ins Bett. Weil sich jetzt ihr Vater wieder zu Jesus bekannte, wurde ihr selbst die Tatsache wichtig:»Demnach hatte die Mutter recht, und alles, was ich heute in der Gemeinschaft hörte, stimmt überein mit dem, was mir Mutter von klein auf erzählte.« Meine Stimme wurde heiser. Emma aber wollte immer noch mehr von dem Schöpfer des Himmels und der Erde wissen. Da holte ich aus meinem Koffer das Büchlein heraus, mit dem Titel »Ein Brief für dich.« Es ist auch so aufgemacht wie ein Luftpostbrief. Ich fragte Emma:»Kannst du deutsch lesen?« –»Ja, gut!« –»Dann nimm dieses Büchlein und lies es jetzt gleich laut vor, daß wir es alle hören können, denn morgen muß ich weiter und will es mitnehmen.« Und sie hat es ganz vorgelesen. Zwischendurch hat sie immer wieder Fragen gestellt und einige Male ging sie in die Küche, um ihren Reuetränen den Lauf zu lassen. Am Ende sagte Emma zu ihren Eltern: »Ihr habt einen Heiland, und den brauche ich auch. Ich brauche ihn schon lange.« Da sprangen Vater Johannes und Mutter Berta auf, und die drei umarmten sich und weinten laut vor Freude. Ich dankte in meinem Herzen dem Herrn. Da fragte Emma: »Was soll ich tun?« Ich sagte: »Das, was Vater heute getan hat.« – »Darf ich in eure Gemeinschaft?« – »Ja!« Wir knieten alle hin. Es gab ein aufrichtiges Sündenbekenntnis, eine Herzenshingabe an den Herrn Jesus und ein Dankgebet, in dem auch Vater Johannes sagte: »Heute ist unserem Hause Heil widerfahren.«

Warum habe ich dieses Erlebnis niedergeschrieben? Jeder Arbeiter dient auf seine Weise im Weinberg des Herrn. Er braucht Unterstützung auf ganz verschiedene Art. Der Böse weiß schon vorher, wo es in seinem Reich Verluste geben wird, darum wendet er seine Macht an, um zu verhindern, daß den Menschen Segen zuteil wird. Seine Methoden sind sehr verschiedenartig. Er greift den Leib an oder auch die Seele, – den Leib, um ihn mürbe und kränklich zu machen und dadurch zu ängstigen – die Seele, um sie am Glauben irre zu machen und Zweifel einzuflößen über Gottes Wort und seine Verheißungen; dazu gebraucht er auch Menschen, oft sogar nahe Verwandte und Freunde. Gottes guter Geist erläutert uns sein Wort. Das gibt uns Kraft und Mut, freudig das Werk des Herrn zu treiben. Manche Drohung und mancher Spott werden von bösen Menschen den Dienern des Herrn angetan. Da braucht der Christ Kraft und Geduld. Die schickt Gott oft durch Menschen, die ihm dienen.

Als ich wieder nach Hause kam, wurde ich sogleich zur Obrigkeit der Atheisten gerufen. Die hatten von meiner Reise erfahren. Später brachte Maria Schledewitz mir einen Brief, der mich an den Abend im Winsowchos erinnerte. Das gab mir Kraft, dem zu begegnen, der es nicht leiden kann, wenn Seelen ihn verlassen und zum Herrn Jesus übergehen. Unsere Vorväter haben es in ihrem Glaubensleben ähnlich durchgemacht und konnten uns aus solcher Erfahrung heraus viele Trostlieder niederschreiben, die uns heute zum Dienst fröhlich machen. Da heißt es in einem Lied: »Frisch und fröhlich ziehen als munt're Pilgern für den Meister wirkend wir dahin. Was er uns vertrauet, tun wir gerne, denn uns winket ewiger Gewinn.«

In einem Brief aus der Feder von Johannes Schledewitz heißt es: »Werteste Schwester und liebe Schwägerin Maria samt allen Deinen Angehörigen! Gestern um vier Uhr betrat Pastor Erich Schacht unsere Wohnung. Ihr könnt Euch nicht vorstellen, welche Freude in unsere Herzen kam, als wir Euren lieben Willkommenskuß erhielten. Am Abend gingen wir zusammen mit Pastor Schacht in die Versammlung. Oh, ich wollte, liebe Schwester, Du hättest den seligen Stunden beiwohnen können. Tiefgehende Worte Gottes, verbunden mit Wunder und Zeichen, die stattfanden durch Gebet auf dieser Erde. Es war so, wie es im Lied heißt: ›Gott ist gegenwärtig!‹ Es war schon nach 24 Uhr, als geschlossen wurde. Nach Beendigung ließ Pastor Schacht uns die Ehre zuteil werden und nächtigte bei uns. Ach, welch wichtige Stunden und wertvolle Erbauung fanden statt. Er teilte uns mit, wie die Schrift in Erfüllung geht, die einst niedergeschrieben wurde, daß sich Gott wieder dem Volk zuwendet. Es war drei Uhr, als wir uns zur Ruhe begaben. Heute um 10 Uhr begleiteten wir Pastor Schacht zum Autobus, mit dem er nach Issyk fuhr. Am Sonntag wird er in Issyk Abendmahl halten. Bitte überbringe Du seiner Familie, seiner Frau, seiner Mutter und seinen Kindern von uns Glück- und Segenswünsche Gottes. Er ist gesund, welches wir auch allen seinen Lieben wünschen. Er ist sehr beschäftigt, die Stunden sind immer ausgefüllt. Wann er nach Hause kommt, steht in Gottes Hand.«

Das zweite Blatt des Briefes war an mich gerichtet. Da heißt es:

»Für Pastor E. Schacht!

Christen seh'n sich nie zum letztenmal!

O du Wort voll Hoffnung und voll Frieden,
sel'ger Trost, wenn Herz von Herz geschieden,
Balsam du in aller Trennungsqual,
Christen seh'n sich nie zum letztenmal!

Wenn du warm die Hand umfaßt des andern,
willst du gern noch weiter mit ihm wandern,
doch es schied euch eurer Wege Wahl,
Christen seh'n sich nie zum letztenmal!

Oder, wenn ein heißgeliebtes Leben,
dem du gern noch Dank und Treu' gegeben,
früh vollendet seiner Jahre Zahl,
Christen seh'n sich nie zum letztenmal!

Wohl im bangen Weh rinnet uns die Zähre,
wohl empfinden wir des Daseins Leere,
dennoch, wird's auf Erden öd und kahl,
Christen seh'n sich nie zum letztenmal!

Ob durch Leben, ob durch Tod getrennet,
alles, was nach Jesus Christ sich nennet,
trifft bei ihm sich einst im Freudensaal,
Christen seh'n sich nie zum letztenmal!

Ehrwürdiger Seelsorger Pastor Schacht! Wir überbringen Euch unseren herzlichsten Dank für die Ehre und Freude, die Sie uns zuteil werden ließen, daß Sie eingekehrt waren in unserer Wohnung. Die Unterhaltung, ja, die seligen Stunden bleiben für immer in unseren Herzen. Der liebe Gott möge Euch ständig begleiten, leiten und führen auf ebener Bahn. Und nach Vollendung dieses Erdenlebens werden wir uns aus Gnaden wiedersehen im Freudensaal. Das ist unser Herzenswunsch. Euer Mitbruder Johannes und Schwester Berta Schledewitz.«

Später traf ich ihre Tochter Emma Schledewitz in Aktjubinsk wieder. Sie war dort in der Kirche tätig.

Gemeinden in Taschkent, Usbekistan

1967 bat mich Pastor Arthur Pfeiffer, die Gemeinden im Gebiet Taschkent zu besuchen. Es war Herbst. Zuerst kam ich nach Tschirtschik. Es waren drei Gemeinden in der Stadt. Ein Besuch war dringend nötig. Sektierer waren eingedrungen und richteten

Schaden an. Auch hatten nur wenige der Christen eine Bibel oder ein Neues Testament. Der Gottesdienst wurde heimlich in den Häusern gehalten. In Tschirtschik fand ich Bekannte von der Krim, wo ich geboren bin: Robert Birkholz und seine Frau Hilda geb. Fleming, auch ihre Schwester Dina. Beide gingen zwischen 1918 und 1920 bei unserem Vater zur Schule, als wir noch dort wohnten. Jedesmal, wenn ich die Gemeinden dort besuchte, konnte ich bei ihnen absteigen. Wir hatten viele, viele Erbauungsstunden durch Wort und Lied. Jährlich wurden es mehr Gemeinden im Gebiet Taschkent.

In der Stadt Angren waren drei Gemeinden mit Bruder Gottlieb Aberle und anderen. In Gasalkent war Bruder Gustav Hasert, in Sary-Agatsch war Bruder Woldemar Fuchs und in Sadwintrest Bruder Woldemar Weibert. Hier gab es oft harten Kampf mir Irrlehrern. Doch der Herr segnete so sehr, daß die Brüder auch die Konfirmanden zur Konfirmation vorbereiten konnten, so daß sich die Gemeinden Jahr um Jahr vergrößerten. Aus den baltischen Ländern kamen Paketsendungen mit christlicher Literatur. Oft wurden die Gottesdienste und Gebetsversammlungen hinterm Haus im Weingarten gehalten, so auch das Erntedankfest, weil die Häuser die Besucher nicht fassen konnten. Öfters wurden auch Gottesdienste auf Friedhöfen gehalten. Zu den Beerdigungen kamen immer viele Zuhörer, und ein Teil kam danach auch zum Gottesdienst mit in die Häuser.

Selbstmord

In Tschirtschik wurde ich einmal gebeten, einen Selbstmörder zu beerdigen. Zwei seiner Brüder waren in der Gemeinde, er selbst aber nicht. Immer, wenn der Gottesdienst bei seinen Brüdern stattfand, haben sie ihn auch eingeladen. Er sollte doch auch zum Frieden mit Gott finden. Er sagte immer wieder ab. Er baute viel Wein an und trank auch reichlich davon. Seine Frau bemerkte seine innere Unruhe und fragte ihn danach, aber er hielt seine Trunksucht und seine Ängste lange Jahre geheim. Eines Abends sagte er seiner Frau in betrunkenem Zustand: »Ich muß meinem Leben ein Ende machen, denn ich werde von toten Menschen sehr beunruhigt.« – »Wieso?«, fragte seine Frau. Da bekannte er ihr, daß er eine große Schuld mit sich trage, die er im Krieg auf sich genommen hatte, indem er unschuldige Menschen, Erwachsene und Kinder, hatte töten helfen, bis er in Kriegsgefangenschaft kam. Seine Frau sagte es seinen Brüdern. Die baten ihn, zum Gottesdienst der Gläubigen zu kommen, aber er sagte ihnen: »Für mich gibt es keine Gnade von Gott.« Seine Frau paßte auf ihn auf und rettete ihn dreimal nachts im Garten, als er sich erhängen wollte. Aber beim vierten Mal machte er eine Schlinge von Draht. Seine Frau konnte dann den Draht mit dem Messer nicht mehr durchschneiden, so daß er starb. Zu seiner Beerdigung kamen viele Menschen. Seine Kinder und Enkelkinder wußten nicht, weshalb der Vater und Opa das getan hatte. Es ist schwer, solche Beerdigungen zu halten. Seine Frau erzählte mir nach der Beerdigung unter vielen Tränen, wie viele Jahre er sich quälte, indem er auch oft am Tag laut Stimmen hörte, die um ihr Leben baten.

Für mich als Seelsorger war das erschütternd, und ich mußte oft diese Geschichte Alten und Jungen zur Warnung sagen. Gottes Gebote sind heilig. Wenn es heißt, du sollst nicht töten, so ist nicht nur damit gemeint das Erschießen, Erdrosseln, Erstechen usw., sondern man kann auch mit Worten töten. Das nennt man Rufmord.

So etwas geschah 1945 bei uns in der Stadt Sysran an der Wolga. Die deutschen Frauen und Mädchen waren in der Trudarmee. Sie mußten bei geringer Kost schwer arbeiten, im Sommer bei Hitze und im Winter bei Kälte. Da begab es sich, daß ein Mädchen, Irma, krank wurde und nicht zur Arbeit gehen konnte. Abends, als alle von der Arbeit kamen, sagte ein Mädchen: »Ich hatte in meinen Sachen hundert Rubel versteckt und jetzt sind sie nicht mehr da. Irma war zu Hause geblieben, die hat sie an sich genommen.« Irma weinte und sagte: »Das war ich nicht. So etwas könnte ich nie tun.« Das Gerede ging aber von Baracke zu Baracke. Wo Irma auch hinkam, wurde sie als nicht vertrauenswürdig angesehen. Das konnte sie nicht verkraften und erhängte sich. Sie erhielt nur eine allgemein städtische Beerdigung, denn es standen zu jener Zeit keine Geistlichen für eine kirchliche Bestattung zur Verfügung. Noch am selben Tag nach dem Begräbnis fand das Mädchen seine 100 Rubel, dort wo es diese selbst versteckt hatte. Ein lauter Schrei, sie raufte sich die Haare und schrie: »Ich bin schuld an Irmas Tod. Ich bin eine Mörderin.« Kein Trost von seiten der älteren Frauen konnte helfen. Eine Woche lang mühten sich die Ärzte im Krankenhaus vergeblich um sie. Sie selbst war ungläubig. Die Gläubigen aber fürchteten sich, ihr etwas von Jesus zu sagen, denn dafür konnte es Gefängnisstrafe bis zu zehn Jahren geben. So trug sie dann viele Jahre diese schwere Last. Ja, auch mit Worten kann man töten.

Der Tod von Pastor Arthur Pfeiffer

Im Herbst 1971 erlitt Pastor Arthur Pfeiffer wieder einen Schlaganfall. Seine rechte Hand und sein Gesicht waren davon betroffen. Briefe an ihn beantwortete seine Frau Ewdokija Dmitrewna. Um ihn zu schonen, wurden ihm die meisten Briefe erst gar nicht gegeben. Also besuchte ich ihn öfter, um das Nötige zu erfahren. Im Herbst 1972 mußte er an der Leber operiert werden und starb daran am 30.10.1972. Ich bekam ein Telegramm von Frau Pfeiffer mit der Bitte, ihr zu helfen. Gleich fuhr ich hin und beerdigte ihn am 2. November. Wir durften ihn zuvor im Totenhaus abholen. Frau Pfeiffer hatte zum Begräbnis auch einige Älteste und Brüder der Baptisten eingeladen. Im Totenhaus wurde uns erlaubt, eine 30minütige Predigt zu halten, aber nicht zu singen. Die Predigt überließ ich Bruder Mizkewitsch, der auch zu den zehn Ältesten der Baptisten gehörte. Diese Brüder wurden, wie auch Pastor Pfeiffer, 1935 mehrmals verhaftet. Mizkewitsch war damals Augenzeuge, als man im Moskauer Gefängnis Pastor Pfeiffer mißhandelte. Er sah, wie man Pastor Pfeiffer drei Mal durch den linken Arm schoß, weil er die falschen Zeugnisse der Untersuchungsrichter nicht unterschreiben wollte. Auch wurde ihm die rechte Hand gebrochen, was später immer noch deutlich zu sehen war. Das und manches andere erwähnte Bruder Mizkewitsch während seiner Predigt im Totenhaus. »Hier liegt ein Märtyrer seines Glaubens, der von Jesus Christus zeugte.« Der Saal war voller Menschen und kein Auge blieb trocken. Vor dem Haus, in dem Pastor Pfeiffer wohnte, stellten wir den Sarg ab, denn durch die Tür konnte man ihn nicht hineintragen. Sie war zu eng gebaut. Alle Nachbarn verabschiedeten sich, ehe es dann weiter ging zum Friedhof, wo ich dann die Beerdigung in deutscher und russischer Sprache leitete. Der Text war 1.Kor.15,12–20:

Beerdigung von Pastor Arthur Pfeiffer in Moskau

»*So aber Christus gepredigt wird, daß er sei von den Toten auferstanden, wie sagen denn etliche unter euch, die Auferstehung der Toten sei nichts?*
Ist aber die Auferstehung der Toten nichts, so ist auch Christus nicht auferstanden.
Ist aber Christus nicht auferstanden, so ist unsere Predigt vergeblich, so ist auch euer Glaube vergeblich.
Wir würden aber auch erfunden als falsche Zeugen Gottes, daß wir wider Gott gezeugt hätten, er hätte Christus auferweckt, den er nicht auferweckt hätte, wenn doch die Toten nicht auferstehen.
Denn so die Toten nicht auferstehen, so ist Christus auch nicht auferstanden.
Ist Christus aber nicht auferstanden, so ist euer Glaube eitel, so seid ihr noch in euren Sünden.
So sind auch die, so in Christus entschlafen sind, verloren. Hoffen wir allein in diesem Leben auf Christus, so sind wir die elendesten unter allen Menschen.
Nun aber ist Christus auferstanden von den Toten und der Erstling geworden unter denen, die da schlafen.«

Ich beweinte meinen Lehrer und Bruder im Herrn, denn seine Gebete hatten mich immer auf allen meinen Reisen begleitet. Seine Frau war sehr froh, daß ihr Ehegatte so beerdigt wurde, wie er es sich gewünscht hatte.

Oberpastor Harald Kalnins

Pastor Arthur Pfeiffer war gestorben, und die Pastoren Eugen Bachmann und Johannes Schlundt waren ausgewandert. Pastor Eduard Rusch wurde wegen seines unbeugsamen Zeugnisses für Jesus durch einen gestellten Unfall umgebracht. Aber immer mehr Gemeinden entstanden. Diese baten um Hilfe, weil die Orthodoxe Kirche wie auch die Russische Baptistenkirche überall registriert werden konnten. Den örtlichen Behörden war jedoch die Macht gegeben, mit aller Kraft die Wiederbelebung der Evangelisch-Lutherischen Kirche zu hindern. Zu dieser Zeit schaltete sich Oberpastor Harald Kalnins aus Riga ein, um uns mit Rat und Tat zu helfen. Er besuchte ohne staatliche Genehmigung die Gemeinden in Tomsk, Syktywkarr, Semipalatinsk, in Usbekistan und im Kaukasus. Er konnte auch alte Predigtbücher, Gesangbücher, Bibeln, Neue Testamente und andere christliche Literatur beschaffen und auf die Reisen mitnehmen. Er half den bittenden Gemeinden auch schriftlich, wo es nötig war. Natürlich gefiel dies den gottlosen Behörden in Moskau und Riga nicht. So wurde er zum Ministerium nach Moskau beordert, um dort Rechenschaft abzulegen, wer ihn bevollmächtigt habe, in Rußland christliche Gemeinden zu besuchen, sie mündlich oder schriftlich zu beraten und sie als Pastor zu bedienen, was doch gesetzlich verboten war. Jede Übertretung wurde bestraft. Von Seiten der Bischöfe in Lettland, Estland und Litauen wurde Oberpastor Kalnins ermutigt, den Glaubensbrüdern in Rußland zu helfen, weil er gut deutsch konnte. Er hatte in der Schweiz das Predigerseminar St. Chrischona absolviert, deshalb konnte uns in Rußland kaum ein anderer so vielseitig helfen wie er. Und das tat er mit Liebe und von ganzem Herzen. Die Grobheiten und die Gemeinheiten, die er dafür zu ertragen hatte, sind nicht zu beschreiben.

Für die Gemeinden in Rußland gab es im Ministerium einen Bevollmächtigten mit Namen Leonid Zibulskij, der zu mir einmal sagte: »Eure Gemeinden wachsen wie Pilze aus der Erde.« Er wurde in die Gebiete geschickt, von wo die meisten Gesuche aus den Gemeinden mit der Bitte kamen, sie anzuerkennen und zu registrieren und ihnen Erlaubnis zu geben, Bethäuser anzuschaffen. Leonid Zibulskij war entrüstet, wenn wieder jemand mit der Bitte kam, Gemeinden registrieren zu lassen.

Auch Kalnins kam und setzte sich für die Gemeinden in Rußland ein. »Wer hat euch bevollmächtigt? Ihr habt kein Recht in anderen Gebieten religiöse Agitation zu betreiben und Gemeinden zu gründen. Aus vielen Gebieten bekommen wir hier Informationen von eurer Tätigkeit. Ihr habt unterschrieben, daß euch bekannt ist, daß ihr in den Gemeinden nicht helfen dürft.« – »Ja«, antworteten wir, »solche Unterschriften haben wir geben müssen. Aber die Verbote sind von euch, und nun könnt ihr mit unserer Unterschrift beweisen, daß ihr eure Pflicht getan habt. Aber daß wir unseren Brüdern und Schwestern helfen, bleibt unsere Aufgabe als Diener Gottes.«

Mit aller Geduld erklärte ich Leonid Zibulskij: »Wir Deutsche sind doch als Sowjetbürger mit allen Rechten wieder anerkannt und haben somit auch das Recht auf Glauben, Kirche und Gottesdienst. Genosse Tarasow sagte einmal in Moskau zu mir, die Lutherische Kirche würde nie wieder aufleben, worauf ich ihm antwortete: Wenn es so wäre, dann hätten wir hier keine Rechte mehr, und wir müßten auswandern. Darauf meinte Tarasow: ›Ja, wenn der Staat es erlauben würde, könntet ihr auswandern.‹ Ich erwiderte ihm, daß ich das nicht von ihm erwartet hätte, was er da behauptet, denn in allen Gebieten, wo ich zur Obrigkeit gebeten wurde, sagte man zu mir, daß wir Pastoren den Gläubigen doch sagen sollten, sie sollen nicht auswandern. Und hier in Moskau würde er sagen: wandert aus!«

Leonid Zibulskij war ärgerlich: »Ich habe ihnen nicht befohlen, auszuwandern. Aber ich weiß, daß Tarasow über Sie entrüstet ist, Schacht, weil Sie seine Worte vom Auswandern im Obersten Sowjet sagten, als Sie mit Beschwerden über etliche Obrigkeiten dort waren. Der Oberste Sowjet hat daraufhin den klagenden Gemeinden ihre Rechte bestätigt.« – »Kann sein«, antwortete ich, »aber die Resultate blieben bei den Behörden in den Schubladen liegen und werden den Klagenden nicht bekanntgemacht. Da muß man sich schon wieder beschweren.« – »Nein«, gestand Leonid Zibulskij, »es wird alles geregelt. Aber es dauert einige Zeit, denn die antireligiösen Institute haben auch noch ein Wort mitzureden, sonst beschuldigen sie uns, wir unterstützten die Religion und geben ihr zuviel Freiheit.« Ich dankte Genosse Leonid Zibulskij für solche Offenheit mir gegenüber, und er setzte zum Schluß halblaut hinzu: »Macht Gebrauch vom Recht, zu den Gemeinden zu fahren und ihnen zu helfen.« Das ermutigte mich sehr.

Diese Unterredung erzählte ich dem Oberpastor Kalnins, auch Erzbischof Matulis und Erzbischof Tooming. Das gab uns allen frischen Mut.

Alle meine Briefe, die ich über die Post bekam, auch die eingeschriebenen, wurden kontrolliert. Die man mir nicht zukommen lassen wollte, hat man vernichtet. Manche Brüder meinten, Oberpastor Kalnins und ich würden nicht auf ihre vielen Briefe antworten. Da richteten wir unsere Korrespondenz so ein, daß Briefe, die uns erreichen sollten, an verschiedene Anschriften gerichtet wurden und uns auf diesem Weg erreichten.

In die baltischen Staaten kamen immer mehr Touristen, die christliche Literatur für uns dorthin mitbrachten. Diese nahmen auch Informationen über den Zustand der christlichen Kirchen des Baltikums und auch Rußlands mit nach Hause. Das ermutigte unsere christlichen Brüder im Martin-Luther-Bund Deutschlands, für uns im Lutherischen Weltbund und bei der UNO einzustehen.

Besuche bei den Gemeinden

1973 besuchte ich neue Gemeinden in Rußland und Kasachstan, wie zum Beispiel in den Gebieten Koktschetaw, Omsk, Dshambul, Uljanowsk und Tschimkent. Bei Koktschetaw besuchte ich die Gemeinden Podlesnoje und Litowoschnoje. Dort sah es sehr traurig aus. Dort lebten Deutsche, die überwiegend aus der Ukraine und aus verschiedenen anderen Gebieten Rußlands zwangsumgesiedelt worden waren. Sie hatten keine Bibeln und Gesangbücher. So mußten die Lieder im Gottesdienst vorgesagt werden. Von da an kam ich jährlich zwei- oder dreimal an diese Orte. Oft hatte ich in Krasnoarmeisk an einem Sonntag drei Gottesdienste mit Kindertaufe, Abendmahl, Konfirmation oder Trauung zu halten. Manchmal war ich sehr müde, aber Gott schenkte Kraft, denn es mußten auch die Probleme in der Kirche für die Zukunft besprochen werden. Das brauchte Zeit und Geisteskraft. Gott aber, der diese Kraft schenken kann, war spürbar mit seinen Kindern.

Immer mehr Gemeinden schickten uns Einladungen. Im Gebiet Koktschetaw waren es vierzehn Gemeinden. Bruder Reinhold Fillenberg amtierte in Kellerowka, Bruder Karl Hoffmann in Tschernigowka, Bruder Theodor Schlese in Leonidowka, Bruder Reinhold Lau in Podlesnoje, Bruder Reinhold Gras in Gorkoe, Bruder Busenius in Litowoschnoje, Prediger Ewald Fenske in Nagornoje, Bruder Bechert in Seljenyj Hai, Bruder Reinhold Müller in Krasnaja Poljana, Bruder Morlang in Jasnaja Poljana, Bruder Jesse in Krasnodolsk und Bruder Müller in Krasnoarmeisk, der aus meinem Geburtsort auf der Krim stammte und zuletzt noch in Kirowo, Wischnewka und Krasnokamenka diente.

Als ich zum ersten Mal nach Krasnokamenka kam, waren die Gottesdienstbesucher nur Frauen. Den Gottesdienst leitete eine Schwester. Immer noch war die Furcht sehr groß, man könnte sie verhaften. Fast alle Frauen waren Witwen oder Alleinstehende, weil ihnen ihre Männer und Söhne weggenommen waren und nie mehr zurückkamen. Diese predigende Schwester hatte ihre Bibel, ihr Gesangbuch und Predigtbuch stets so gut versteckt gehalten, daß man die Bücher bei ihr nicht fand. Als sie nach vielen Jahren das erste Mal das Abendmahl feierten, flossen ihr Freudentränen.

1977 besuchte ich dreimal die Gemeinden im Koktschetawor-Gebiet. Bei einer Reise vom 2. bis 8. Dezember begleitete mich mein Neffe Ernst Schacht beim Besuch der Gemeinden. Er machte Fotos, so daß ich jetzt Bilder zur Erinnerung zeigen kann. Immer mehr Gemeinden schrieben Briefe und luden uns ein. Ich war nicht mehr imstande, alle Besuche allein zu erledigen. Darum segnete ich 1980 Bruder Ewald Fenske zum Prediger ein, um die 17 Gemeinden im Gebiet Koktschetaw zu bedienen. Er hielt brieflich und durch Gäste Kontakt mit mir und setzte alle seine Talente ein. Die Gemeinden hatten ihn gern und unterstützten ihn mit Gebet und praktischer Hilfe. Er nahm Verbindung mit Bischof Kalnins aus Riga auf. Durch Harald Kalnins bekam er für seine Gemeinden christliche Literatur, die der Lutherische Weltbund dorthin geschickt hatte.

Auch im Gebiet Dshambul betreute ich Gemeinden. In der Stadt selbst bestanden vier Gemeinden, die ich bat, sich doch auch ein Bethaus anzuschaffen. Darüber gab es bei den Brüdern verschiedene Ansichten. Weil aber die Jugend auch in die Gottesdienste kam, war es in den Häusern sehr eng. Im Sommer war es brütend heiß, und viele kamen deshalb nicht mehr. Da entschlossen sich die Gemeinden, doch ein Bethaus zu bauen. Sie bekamen aber nur eine mündliche Erlaubnis. Sie kauften von den Spenden der Christen ein Haus und wollten es umbauen. Das Dach war bereits entfernt und die Wände höher gezogen, da kam plötzlich die Miliz und verbot, daran weiterzuarbeiten. Die Vorsteher der Gemeinde gingen zur Stadtbehörde, aber das Weiterbauen blieb verboten. So fuhren drei Brüder nach Alma Ata zum Gebietsbevollmächtigten für religiöse Fragen. Dieser wollte auch nicht helfen. So gingen drei Gesandte der Gemeinde zu der Behörde des Obersten Sowjet, um dort um Erlaubnis zu bitten, das Bethaus fertigstellen zu dürfen. Aber auch hier gab es keine Hilfe. Endlich sagte einer der Brüder: »Wir Deutsche haben in Rußland also kein Recht, Bethäuser zu bauen. Ihr beschneidet alle unsere Rechte. Schon über zwei Monate steht eine Wache an unserem Bethaus, das wir errichten wollen, und wir sind schon den vierten Tag hier und bekommen nur Absagen. Es reicht jetzt. Wir fahren nach Hause und sagen allen unseren Christen, wie es um uns und unsere Kirche und unser Recht steht. Dann machen wir uns auf zur Heimat.« Das schlug ein. Die Obrigkeit in der Gebietsverwaltung von Alma Ata versammelte sich zur Beratung. Am Ende der Beratung wurde mitgeteilt: »Fahrt jetzt nach Hause. Es wird morgen eine Kommission kommen und das Haus in Augenschein nehmen.« Die Kommission reiste tatsächlich an, schaute sich das Gebäude an und sagte: »Baut es euch so fertig, wie ihr wollt, und betet, soviel ihr wollt.« Sie gaben sogar eine schriftliche Erlaubnis. So konnte das Haus fertiggestellt werden. Dann erhielt ich ein Telegramm, ich solle kommen und das Haus einsegnen. Das geschah am 1.11.1987. Bei der Einweihung des Hauses wurde Bruder Heinrich Schulz auch als Gemeindeleiter eingesegnet.

Einweihung des Bethauses in Dshambul

Gemeinde in Krupskoje

Das Gebiet Taldygurgan besuchte ich zum ersten Mal im Jahre 1974. Das Dorf Krupskoje hatte vier Gemeinden. Die Gottesdienste waren in den Wohnhäusern, was die Atheisten ständig zu verhindern suchten. Zwei Gemeinden hatten schon im Jahr 1968 ein Gesuch eingereicht, ein Bethaus kaufen zu dürfen, aber sieben Jahre zog sich die Antwort hin. Oft besuchten die Brüder den Vorsitzenden des Rates für religiöse Angelegenheiten, aber sie bekamen nur grobe und gemeine Worte zu hören: »Ihr wollt den Faschismus einführen! Ihr seid Umgesiedelte! Als Staatsverbrecher habt ihr zu schweigen! Seid froh, daß wir noch die Zusammenkünfte in den Häusern dulden.«

Im Frühjahr 1975 sagten viele Deutsche zum Regierungsbeamten: »Wir werden auswandern. Es wird jetzt erlaubt. Etliche Familien sind schon fort, etliche haben jetzt Erlaubnis bekommen. Es geht nicht mehr so weiter. Wir sollen hier all die schwere Arbeit mit den Zuckerrüben machen und haben noch nicht einmal ein Recht auf ein Bethaus.« Das hörte auch der Direktor der Landwirtschaft. Auf einer Parteisitzung in der Gebietsverwaltung Taldykurgan sagten die Funktionäre: »Die Deutschen wandern aus, weil sie keine Kirche haben. In anderen Gebieten haben die Deutschen schon Bethäuser. Laßt doch die Leute eine Kirche bauen, sie haben doch ein Recht dazu.« Verschiedene Meinungen gingen hin und her, aber die Mehrheit stimmte dafür, den Gläubigen ein Bethaus zu erlauben. Mündlich sagte man dem Gemeindeleiter Henkelmann: »Kauft euch ein Haus und richtet es euch ein, aber irgendwo am Ende des Dorfes.« Zweimal ließen sich das die Brüder nicht sagen, machten sich auf und fanden ein Haus, das verkauft wurde, ganz außerhalb des Dorfes. Sie kauften es und bauten es um, dazu ein Häuschen für eine Putzfrau. Dann meldeten sie es den Behörden. Diese schickten eine ganze Kommission und die Feuerwehr, untersuchten alles und gaben dann die Erlaubnis, das Haus nach einigen wenigen Baukorrekturen in Gebrauch zu nehmen. Aber erst sollte noch die Rübenernte eingebracht werden. Bruder Kremin schrieb: »Wir wollten am 26. Oktober unser Haus einweihen lassen, da aber die Rüben eingefroren sind, müssen alle zunächst Rüben ernten. Die Einweihung kann deshalb erst am 2. November stattfinden. Wir möchte gerne, daß Sie es tun. Ein Telegramm werden wir Ihnen noch zuschicken. Wir laden Sie herzlich ein.« Das Telegramm erreichte mich noch gerade rechtzeitig. Am Sonnabend, den 1.11.1975, kamen wir bei Kremins an. Es sind von Sysran bis Alma Ata mit der Eisenbahn über 3.000 km und von Alma Ata bis Krupskoje weitere 300 km. Obwohl wir von der Reise sehr müde waren, wollten wir doch gleich nach einem kräftigen Mittagessen das Bethaus besichtigen. Es war schön geschmückt worden, da am Nachmittag das Erntedankfest gefeiert werden sollte. Bruder Henkelmann, der Vorsitzende der Gemeinde, öffnete die Tür und Frau Kremin sagte: »Ich kann es gar nicht aussprechen, wie ich mich auf den morgigen Tag freue. Unsere Jugend mit unserer Tochter sind dabei und haben Gedichte zum Erntedankfest gelernt.« Es kamen noch mehrere Brüder und Schwestern und brachten noch Blumen und Erntegaben. Wir falteten unsere Hände, dankten Gott und beteten für den morgigen Tag. Bis spät abends haben wir bei Kremins noch manche Probleme besprochen. Meine liebe Frau, die mich begleitet hatte, unterhielt sich währenddessen noch lange mit den Schwestern.

Am Sonntag morgen gingen wir um 9 Uhr zum Bethaus. Von überall kamen schon die Leute zu Fuß oder auf Pferdewagen. Auf einem Eselskarren saßen fünf alte Mütterchen und Väterchen. Dann kamen die Radfahrer, dann die Motorräder, dann die Autos. Der große Hof war überfüllt. Die Brüder baten die Jugendlichen, am Vormittag außen im Hof zu bleiben, damit doch die Alten und Schwachen auf den Bänken sitzen könnten. Für die Jugend würde am Nachmittag nochmals ein Erntedankfest stattfinden. Das Haus konnte nicht alle fassen, denn auch aus den Nachbardörfern waren viele gekommen. Bruder Henkelmann schloß die Türe auf. Ich sprach die Eingangsworte. Dann kamen die Brüder mit dem Abendmahlsgerät, mit einer Bibel und einem Gesangbuch für die Kanzel herein. Die Plätze wurden besetzt, die Türen und alle Fenster geöffnet. Auch die Gänge waren besetzt, und immer noch kamen Menschen. Der Hof war voll mit Jugendlichen. Es war ein stiller warmer Herbsttag. Der Gesang war weit zu hören. Da kamen plötzlich zwei Autos bis ans offene Tor gefahren, aber in den Hof konnte die Gebietsobrigkeit nicht, es war zu voll. Etliche Minuten standen sie da und dann fuhren sie weg. Bruder Dikau dirigierte den Chor. Das Haus wurde eingeweiht, das Abendmahl gefeiert und von Herzen das Dankgebet dem Herrn dargebracht. Und jetzt ging es in den Hof. Da hatten die Jugendlichen schon die Tische aufgestellt, und es gab ein Mittagessen für alle. Dann begann die Erntedankfeier. Jetzt nahmen die Jugendlichen die Plätze ein. Gedichte wurden aufgesagt und Lieder gesungen. Von den Brüdern wurden einige Predigten gehalten. Alles zusammen dauerte zweieinhalb Stunden. Singend gingen die Leute nach Hause. Nie werde ich es vergessen, wie auch die Esel ihre Fuhren im Trab davonzogen. Die Freude und der Dank gegenüber dem Herrn war sehr groß an diesem Tag.

Dem Bösen aber hatte es nicht gefallen. Er sammelte seine Rotten zusammen. Im Dorfsowjet beratschlagten sie, welche Maßnahmen sie ergreifen sollten. Am Montag morgen erreichte uns schon die erste Nachricht aus dem Dorfrat. Eine junge Schwester kam und sagte, der Pastor möchte schnell wegfahren, man wolle ihn festnehmen, weil er keine Erlaubnis hatte, Gemeinden zu besuchen. Ja, solche Erlaubnis gab der Staat nicht. Das mußte auf eigenes Risiko gewagt werden. Bruder Henkelmann sagte: »Die

Arbeit ist getan, und für das andere wird Gott auch sorgen.« Und so fuhren wir mit dem Bus nach Alma Ata und von dort mit der Eisenbahn nach Hause.

Am 18.12.1975 bekam ich einen Brief vom Chorleiter Dikau aus Krupskoje. Er sandte viele Grüße und bat mich dringend, daß ich sie besuchen möchte. Die bösen Mächte seien zum Kampf erwacht. Außerdem müßte auch ein Bruder eingesetzt werden, der die Gemeinde leite. Gleich nach Weihnachten fuhr ich ab. Im Hause Kremins kamen die Brüder zusammen. Wir hörten, was Bruder Henkelmann als Kirchenvorstand berichtete: »Am Montag nach der Hauseinweihung hat man mich in den Dorfrat gerufen. Es war auch der Bevollmächtigte für religiöse Fragen des Gebiets da, und er fragte: ›Wer hat den Pastor eingeladen? Warum habt ihr mich nicht gefragt? Ihr befragt euch nicht bei der Regierung, ihr macht nur, was ihr wollt. Wenn ihr so weitermachen werdet, nehmen wir euch das Haus weg und machen einen Kindergarten daraus. Und euch bestrafen wir, damit ihr wißt, was zu tun ist.‹ Er fing an zu schreien und mich zu beschimpfen«, fuhr Bruder Henkelmann fort. »Ich hörte ihm eine Weile zu, und dann ergriff ich das Wort. Mit meiner großen Faust donnerte ich auf den Tisch und sagte: Das nennt ihr Religionsfreiheit? In der Theorie vielleicht, aber in der Praxis wollt ihr uns das Bethaus wegnehmen. Wir sollen nach eurer Pfeife tanzen. Ja, wir wissen aus der Vergangenheit, was ihr

Pastor Oskar Pletz und Bruder Henkelmann (sitzend vorne) mit Konfirmanden in Krupskaja/Taldy Kurgan

alles fertigbringt. Ihr nehmt uns Häuser, Vieh und Äcker weg. Ihr holt die Männer und setzt sie um des Glaubens willen in Gefängnisse. Ihre Kinder laßt ihr als Waisen zurück. Die Tränen der Witwen rühren euch nicht. Das versteht ihr unter Freiheit. Von Anfang an war es so und ist bis heute so geblieben. Ihr nehmt gefangen, bringt die Leute ins Gefängnis, ängstigt und peinigt die Menschen – so handelt ihr. Wir aber werden vor dem Obersten Sowjet klagen, und wenn's nicht hilft, so wandern wir aus.‹ – ›Henkelmann, beruhige dich. Ich werde die Sache mit Moskau besprechen und in ein paar Tagen dir alles darüber berichten. Mal den Teufel nicht an die Wand, beruhige dich, Henkelmann.‹ Ich durfte gehen. Nach vier Tagen wurde ich wieder zum Dorfrat gerufen. Derselbe Mann war auch wieder beim Dorfratsvorsitzenden dabei und sagte: ›Henkelmann, du bist der Kirchenvorstand. Du bist verantwortlich für die Ordnung im Bethaus, auch für die Prediger. Einer aber muß der Älteste und Prediger sein. Betet und singt, so viel ihr wollt, und wenn ihr Pastor Erich Schacht nötig habt, so könnt ihr ihn kommen lassen.‹ Ich fragte zurück: ›Und das ist mit Moskau besprochen?‹ – ›Ja‹, sagte er, ›und es wird auch in Zukunft besser für euch gesorgt werden. Ihr braucht nicht auszuwandern. Es sind schon etliche Familien ausgewandert, die in der Zuckerfabrik arbeiteten. Diese fehlen uns, und wir hoffen, daß ihr nicht auch nach Deutschland ausreisen werdet. Eure Landsleute sollen hierbleiben. Wir wollen friedlich miteinander leben.‹ So sagte der Bevollmächtigte und verabschiedete sich mit Händedruck. Ich habe noch niemandem dieses Erlebnis erzählt, aber aus dem Leben weiß ich eines: ›Groß Macht und viel List sein grausam Rüstung ist, auf Erd' ist nicht seinsgleichen.‹ Wir brauchen einen Mann, der die Gemeinde leitet. Um einen solchen beten wir. Wir haben hier niemanden, der es kann. Helfen sie uns,« bat mich Bruder Henkelmann. Ich sagte: »Wir wollen darum beten. Es geht doch um die Sache des Herrn, und der hat gesagt: ›Bittet, so wird euch gegeben.‹ Wir knien nieder und Bruder Henkelmann wird zuerst beten, dann Bruder Dikau, dann Schwester Kremin, dann ich, und der Herr wird uns erhören.« Ernst waren die Gebete. Danach sagte ich: »Jetzt brauchen wir ein Auto, und damit fahren wir sogleich nach Alma Ata. Dort ist ein Bruder, der von Pastor Pfeiffer zum Dienst eingesegnet worden ist. Er hat aber keine Gemeinde. Er kann gut singen, kann auf Instrumenten spielen und predigen.

Laßt uns gleich fahren, denn heute ist Mittwoch, und am Sonntag muß ich wieder zu Hause sein.« Eine Stunde später fuhren wir los. Noch vor Abend trafen wir bei Pastor Oskar Pletz ein. Freundlich wurden wir von ihm und seiner Frau aufgenommen. Bald saßen wir um einen gedeckten Tisch und ließen es uns gut schmecken. Danach kamen wir zum Wichtigsten. Ich erzählte den Eheleuten von Krupskoje, von der Gemeinde, und wie nötig sie dort einen Gemeindeleiter brauchten. Ich hätte dazu aber nur Pastor Pletz als Vorschlag. »Nein«, sagte Frau Pletz, »daraus wird nichts. Wir haben uns ein Haus gebaut und haben etwas Land. Wir werden nicht von hier wegziehen.« Sie wollte nichts mehr darüber hören. Bruder Oskar Pletz saß da, den Kopf gesenkt. Seine Theresa verließ uns. Die Brüder redeten weiter über den Vorschlag. Durch die offene Tür hörte Theresa alles, kam wieder ins Zimmer und sagte: »Es wird nichts.« Es war schon spät am Abend. Oskar forderte uns auf, zur Nachtruhe zu gehen. Wir hielten noch eine kleine Abendandacht, dann beteten wir alle: Gott solle es machen. Wir gingen zwar zu Bett, aber keiner von uns konnte einschlafen. Morgens um fünf Uhr kam die Schwester Theresa und sagte: »Ich betete und hörte eine Stimme zu mir sagen: ›Dort ist euer Arbeitsplatz!‹ Ich habe einige Mal diese Stimme vernommen. Ich bin jetzt gekommen, es dir zu sagen.« Sie weinte. Dann kam Oskar und die Brüder Henkelmann und Dikau. Ihnen erzählte Schwester Theresa auch ihre Erfahrung im Gebet und erklärte: »Oskar, wir ziehen um.« Oskar umarmte seine Frau und sagte: »So ist es Gottes Wille.« Bruder Henkelmann meinte auch, daß Gott unsere Gebete erhört habe. Auch Schwester Kremin war überzeugt: »Fahrt nur dorthin, wir werden für euch beten.« Darauf sprachen wir ein Dankgebet. Es folgte noch eine lange Besprechung. In Krupskoje würden etliche Leute auswandern, die Haus und Hof verkauften. Man werde etwas kaufen und es ihnen dann mitteilen. Dann könnten sie umziehen.

Mit Freuden verabschiedeten wir uns. Ich fuhr heim nach Sysran. Die Brüder erledigten alles wie besprochen. Sie schickten Lastautos hin und brachten den ganzen Hausrat mitsamt der Familie Pletz nach Krupskoje. Freudig ging es an die Arbeit in dem Weinberg des Herrn. Oskar Pletz wurde in die Kolchose aufgenommen und arbeitete dort als Schmied. Nach kurzer Zeit hatte er schon eine große Gruppe Jugendlicher um sich gesammelt. Er bereitete sie auf die Konfirmation vor, übte mit ihnen das Singen und Spielen auf Instrumenten. Viele aus den Nachbardörfern, die keine Gemeinde hatten, schlossen sich der Gemeinde Krupskoje an, so daß das Bethaus zu den Gottesdiensten und Gebetsversammlungen immer voller wurde. Viele Jugendliche fanden den Weg zum Frieden mit Gott, aber andere ärgerte dies. Deshalb wurden durch Gottesleugner Leute angeworben, dem Pastor die Arbeit schwer zumachen. Aber, wer dem Herrn vertraut, mit ihm stets verbunden ist, bekommt auch die Kraft zur Arbeit, zum Tragen von Lasten und um denen, die Böses tun, zu verzeihen.

Ich besuchte Pastor Pletz und die Gemeinde später noch öfter. Einmal brachte ich ihm auch ein Brustkreuz, das mir Erzbischof Albert Tooming für ihn gegeben hatte. Als ich ein andermal die Gemeinde in Krupskoje besuchte und wir zu Fuß in die Nähe des Bethauses kamen, sagte Oskar: »Oh, sie sind wieder da aus der Gebietsverwaltung. Sie kommen öfter und hören zu. Halt du heute die Predigt. Die verstehen deutsch.« Nach dem Gottesdienst kamen zwei der Abgesandten zu mir und sagten: »Wir haben nichts einzuwenden gegen die Kirche und ihre Arbeiter.« Zu Hause erzählte mir Oskar, daß die Zuckerfabriken nicht mehr arbeiten konnten, weil die Deutschen alle auswandern würden. Die Arbeit war sehr schwer und der Lohn nur gering. Dazu fehlten die nötigen Lebensmittel und die Arzneien für die Kranken. Überhaupt sei die nötige medizinische Hilfe sehr unzureichend, und es gäbe auch keine deutschen Schulen. So hatte Oskar Pletz eine dreifach schwere Last zu tragen, nämlich die Arbeit als Schmied, die Arbeit in der Kirche und die Mühsal mit den zuständigen militanten Atheisten und dem KGB, die immer wieder mit List angriffen. Ihm und auch seiner Frau ging es gesundheitlich schlecht, und so wanderten sie 1990 nach Deutschland aus. 15 Jahre diente Oskar Pletz als Pastor in der Gemeinde zu Krupskaja, und Gott gab reichlich seinen Segen dazu. Die Arbeit in der Evangelisch-Lutherischen Gemeinde in Krupskoje aber hat sich gelohnt, denn viele Alte und Jugendliche und Kinder haben in der Gemeinde ihr Leben dem Herrn Jesus übergeben. Die Brüder Henkelmann, Kremin und Dikau aber sind schon in der himmlischen Heimat.

Gemeinde in Michajlowka

Im Rayon Michajlowka im Gebiet Dshambul fingen schon in den 50er Jahren die Brüder heimlich mit Gottesdiensten und Versammlungen an. Die kleinen Gruppen der gläubigen Lutheraner wurden aber immer größer. So gab es in Michajlowka fünf kleine Gemeinden. Ein junger Bruder, Alexander Riemer, wagte es, mit der Jugend Religionsunterricht zu halten. Er bereitete sie auf die Konfirmation vor, dann lud er einen Prediger ein, um die Konfirmanden einzusegnen. Pastor Hermann Zielke aus Alma Ata wurde in den 60er Jahren etliche Male eingeladen. Auch ich besuchte die Gemeinden in Michajlowka schon in den 60er Jahren öfter. Es waren gesegnete Gottesdienste und Gebetsversammlungen. Viele, auch die schon im hohen Alter waren, wurden getauft, konfirmiert, getraut und mit dem Abendmahl versorgt. Bruder Alexander Riemer wurde dafür zur Obrigkeit zitiert, und es wurde ihm streng verboten, Lesegottesdienste zu halten und Jugendliche zu unterrichten. Aber Bruder Alexander konnte es nicht lassen. Die Häuser konnten die wachsenden Gemeinden nicht mehr fassen, besonders im Sommer, wenn es sehr heiß war. Und weil es immer lebendig und laut zuging, versuchten die Behörden mit Strafen und anderen Drohungen die Brüder zu schrecken. Bruder Alexander sagte: »Haben wir denn kein Recht zu singen und zu beten wie die Russisch-Orthodoxen und die Baptisten?« – »Ja, doch schafft euch ein Bethaus an, denn wohin man in den Straßen kommt, hört man singen. Am Abend ist das in den Häusern nicht erlaubt.« Es wurde eine Strafe verhängt. Da sagte Bruder Alexander: »Wir kaufen auch ein Haus.« Es gab darüber jedoch unterschiedliche Meinungen. Manche fürchteten, daß die Regierung dann das Haus wieder wegnimmt und einen Kindergarten daraus macht. Aber Bruder Riemer sagte: »Es sind schon mehrere Bethäuser registriert worden. Und wir kaufen auch ein Haus. Das erleichtert die Arbeit, und wir können in einem großen Raum mehr frische Luft atmen. In den Häusern ist es so heiß, daß bis ans Ende eines Gottesdienstes alle ganz naßgeschwitzt sind.« Ich gab Bruder Alexander die Formulare, wie sie zur Registrierung ausgefüllt werden mußten. Es wurden einige Brüder bestimmt, die Listen auszufüllen. Viele machten aus Furcht nicht mit. Etliche Jahre dauerte es, bis die Gemeinde registriert werden konnte. Das

Haus war bald gekauft und zum Bethaus eingerichtet. Dann fanden sich alle aus den verschiedenen Wohnhäusern zu einer Gemeinde zusammen. Das Bethaus wurde am 15.10.1978 eingeweiht. Bruder Herzog leitete die Gemeinde zusammen mit Alexander Riemer und dessen leiblichem Bruder Gottlob Riemer.

Gemeinde in Komsomolez

Die Gemeinde im Gebiet Kustanaj bestand aus Lutheranern und Mennoniten. Eine alte Erdbaracke diente ihnen als Bethaus. Die Feuerwehr war beauftragt, das Bethaus zu versiegeln. Erst nach langem Bemühen wurde der Gemeinde erlaubt, ein anderes Haus zu kaufen und damit ein Bethaus einzurichten.

In Komsomoletz wohnten auch meine Verwandten väterlicherseits. Es waren die Töchter meines Onkels Friedrich, nämlich Berta geb. Schacht, Emilia und Frieda mit ihrer Mutter Emma Schacht und auch Tante Maria Kröning, geb. Schacht. Als ich sie 1957 zum ersten Mal besuchte, wohnten sie noch alle in Lehmhütten – schon 15 Jahre lang. Die Gemeinde hatte einen Sängerchor. Die Frohe Botschaft wurde freudig verkündigt durch Wort und Lied. Bruder Peter Dyck war der Leiter der Gemeinde. Eine Gemeinde bestand auch in Togusak, im Gebiet Kustanaj, auch sie besuchte ich und bediente sie. Dort war Bruder Neumann Gemeindeleiter. Ich wurde telegrafisch eingeladen, meine kranke Tante Emma Schacht wieder zu besuchen. Als ich am nächsten Tag hinkam, starb sie. Ich habe sie dann nur noch beerdigen können. Am Abend nach der Beerdigung kamen viele Jugendliche zu Berta Hübscher, wo wir uns bis spät nachts über das Wort Gottes austauschten und mit Klavierbegleitung christliche Lieder sangen. Am nächsten Tag kamen alle Verwandte zu Hübschers, wo wir noch viele Erinnerungen an Tante Emma Schacht austauschten. Nachmittags erschienen zwei Männer von der Miliz und forderten mich auf, mit ihnen zu gehen. Wir kamen in den Dorfsowjet, wo schon eine Kommission von acht Personen versammelt war: der Rayons-Staatsanwalt, ein Polizeioffizier und der Parteichef, ein Gebiets-Korrespondent und einer vom KGB, der Dorfratsvorsitzende und der Gebietsbevollmächtigte für religiöse Angelegenheiten. Ich stellte mich vor, zeigte mein Ordinationszeugnis in russisch, und dann fing das Gespräch an. Ich betete innerlich: »Herr Jesus, du siehst, ihrer sind 8 Personen und ich bin allein. Du hast aber gesagt: ›Sorget nicht, wenn ihr vor die Richter geführt werdet, was ihr reden sollt.‹ So lege mir jetzt in den Mund, was ich auf ihre Fragen antworten soll. Ich glaube an deine Verheißungen.« Und der Herr legte mir seine Worte in den Mund. Dreieinhalb Stunden dauerte unsere Unterredung. Es gab keine groben, häßlichen Ausschreitungen, von niemanden als nur von dem 9. Mann, der noch dazu kam, dem Atheisten Kope. Seine unkultivierten und groben Ausdrücke über den Glauben und Gott, über die Gläubigen und die Kirchendiener waren so obszön und niedrigen Ranges, daß ich in meiner Verteidigung nur sagen konnte, daß dieser Mann dem Staat und dem Volk viel Schaden durch sein unmoralisches Leben zufügt. Er hatte zwei Frauen mit Kindern von sich gejagt und die dritte sehr mißhandelt. Dadurch war er kein gutes Vorbild für die Jugend allgemein, und die deutsche Jugend habe das Recht, nicht den atheistischen Klub sondern die Kirche zu besuchen.

Die Sekretärin schrieb, der Korrespondent der Zeitung stenografierte und der KGB-Mann machte sich Anmerkungen. Zuletzt sagte der Vorsitzende für religiöse Angelegenheiten des Gebiets: »Unsere Unterhaltung war sehr wichtig. Noch eine Frage: Wir haben erfahren, daß Sie sich einsetzen wollen, um das Bethaus wieder zu öffnen.« Ich antwortete: »Dazu bin ich nicht gekommen, sondern zum Begräbnis meiner Tante. Was ich aber kann, werde ich für die Gemeinde tun, sobald ich wieder in Moskau sein werde. Einige Tage aber werde ich noch hier mit meinen Verwandten Trauer halten.« Der Vorsitzende fragte, wer noch Fragen an mich habe. Da meldete sich der KGB-Mann und fragte, ob ich das Recht habe, Gemeinden zu besuchen. Ich gab ihm mein Ordinationszeugnis in Russisch. Er las es und sagte: »Ja, hier steht geschrieben, daß Sie bevollmächtigt sind, als Pastor die Gemeinden in Rußland zu bedienen. Aber dies gilt nicht, denn diese Erlaubnis muß vom Staat sein.« – »Nein,« sagte ich, »die Kirche ist seit 1924 vom Staat getrennt, somit kann der Staat die Religionsdiener nicht gängeln.« Die Verhandlung wurde durch den Vorsitzenden des Dorfrates für geschlossen erklärt. Der Polizeichef bat um Verzeihung, daß man mich mit Polizei geholt hatte. Und so wurde ich entlassen. Es wurde schon dunkel, als ich zu Hübschers kam. Alle Verwandten waren da und beteten für mich und weinten. Und dann war ich wieder da. Gott erhört die Gebete seiner Kinder. Noch eine Woche blieb ich dort und hatte noch viele gesegnete Stunden mit den Freunden und der Jugend.

Gemeinden in Krasnojarsk

Im Jahre 1980 besuchte ich einmal Gemeinden im Gebiet Krasnojarsk in Sibirien. Ich war aber erschüttert, wie dort noch die Angst bei den Brüdern vorherrschte. Nur langsam ging die Belebung und Erweckung der Christen voran. In den vier besuchten Gemeinden war zu erkennen, wie die Furcht vor der Obrigkeit sie hemmte. Immer wieder gab es Drohungen von seiten des Staates. Aber Bruder August Dummler war sehr eifrig. Er besuchte die Gemeinden, im Winter trotz Kälte und bei anderem Unwetter, hielt Gottesdienste und teilte das Abendmahl aus. Die Gemeinden lagen zwar weit voneinander entfernt, aber er ging hin in die tiefsten Wälder Sibiriens und brachte Freude zu den zwangsumgesiedelten Christen. Und weil es auch mit christlicher Literatur schlecht bestellt war, bemühte ich mich, so viel als möglich für sie zu besorgen.

Überregionale Aktivitäten

Immer öfter kam Oberpastor Harald Kalnins aus Riga in unsere Gemeinden. Da er im Konsistorium Lettland mit Brüdern aus dem Ausland zusammenkam, hatte er Möglichkeiten, den Lutherischen Weltbund zu informieren, wie es um unsere Gemeinden in Rußland steht. Auch Erzbischof Matulis informierte den Europasekretär des Lutherischen Weltbundes. Pastor Dr. Paul Hansen, der Riga besuchte, erhielt 1977 zum erstenmal die Erlaubnis, Lutherische Gemeinden in Rußland zu besuchen. Von Erzbischof Matulis bekam ich zu hören, daß Generalsekretär Pastor Dr. Paul Hansen zusammen mit Oberpastor Kalnins Gemeinden in Rußland grüßen werde. Dabei wollten sie auch das Ministerium für religiöse Angelegenheiten in Moskau aufsuchen. Er wies mich darauf hin, daß Pastor Dr. Paul Hansen auch die Möglichkeit hatte, durch den Lutherischen Weltbund christliche Literatur wie Bibeln, Neue Testamente und anderes Schrifttum in großen Mengen zu schicken.

Mit einigen Brüdern besprachen wir den Gedanken, daß es gut sein würde, ein Gesuch im Ministerium für religiöse Angelegenheiten mit der Bitte einzureichen, christliche Literatur uns drucken oder aber vom Lutherischen Weltbund uns zukommen zu lassen. Das sollte noch geschehen, ehe Pastor Dr. Paul Hansen seine Reise zu den Gemeinden in Rußland machte. Wir würden ihn darüber informieren und bitten, uns in unserer Not zu helfen. Ich sollte die Bittschrift aufsetzen und schnell eine Reise machen, um Unterschriften zu sammeln. Das Geld für die Reise brachten die Brüder auf.

Der Text der Bittschrift lautete: »Moskau. Smolenskij Bulwar. An den Sowjet für religiöse Angelegenheiten beim Ministerrat der SSR, Kurojedow. Wir, die unten unterzeichnenden Ältesten, Prediger und Pastoren, bitten den Vorsitzenden des Sowjet, Kurojedow, unsere niedergeschriebene Bitte zu gewähren. Wir bitten um Erlaubnis, eine Konferenz für evangelisch-lutherische Prediger und Pastoren durchführen zu können, um einen Oberkirchenrat zu wählen. Wir brauchen ihn, um unsere Evangelisch-Lutherische Kirche wieder offiziell herzustellen und funktionsfähig zu machen. Wir bitten um Erlaubnis, deutsche Lutheraner Bibeln, Neue Testamente, Gesangbücher, Agenden, Katechismen und Journale für uns drucken oder aus dem Lutherischen Weltbund aus Genf beziehen zu können. Wir bitten um Erlaubnis, Kurse eröffnen zu können, damit Prediger ausgebildet werden. Wir bitten um Hilfe, daß die ca. 300 Gemeinden registriert werden und somit die Evangelisch-Lutherische Kirche wieder offiziell funktioniert. Bisher haben sich die Gebietsverwaltungen negativ zu unserer Registrierung verhalten, obwohl das Gesetz für religiöse Fragen es doch erlaubt. Solche Bitten unterzeichnen wir handschriftlich. Die Konferenz könnte in Alma Ata stattfinden. Wir hoffen auf Verständnis für unsere Angelegenheiten und sind schon im voraus dankbar.«

Um Unterschriften zu sammeln, flog ich gleich nach Taschkent, Alma Ata, Tschimkent, Zelinograd, Tomsk, Nowosibirsk, Omsk und Kuibyschew. Dreizehn Brüder unterschrieben diese Bitt-

Dr. Paul Hansen und Harald Kalnins zu Besuch in Alma Ata vorne sitzend von rechts nach links

schrift. Unter Gottes Schutz und Segen gelang es mir, in drei Tagen die Unterschriften zu bekommen, und dann ging es nach Moskau. Im Sekretariat gab ich die Bittschrift ab, bekam eine Eingangsbestätigung und fuhr nach Hause. Nach drei Tagen wurde ich vor das Rayon Vollzugskommitee zitiert. Dort fragte mich der Beamte für religiöse Angelegenheiten, ob ich in Moskau wegen religiösen Angelegenheiten eine Bittschrift eingereicht hätte. Als ich das bestätigte, kam noch ein Mann des KGB dazu. Beide bemühten sich, mich zu überzeugen, daß unsere Bitten nicht erfüllt werden könnten. Ich solle die Bittschrift zurücknehmen. Zwei Stunden dauerte die Auseinandersetzung. Ich sagte: »Wenn man unsere Bitten nicht erfüllt, so klagen wir vor dem Obersten Sowjet.« Ich wurde entlassen, sollte aber am nächsten Tag wiederkommen. Ich ging hin. Dasselbe Thema. Ich verteidigte das Recht dieser Bittschrift und sagte: »Wir warten auf Antwort von Kurojedow vom Ministerium für religiöse Angelegenheiten.« Ich wurde wieder entlassen. Nach einigen Tagen brachte mir ein Kirchenmitglied einen Brief von Erzbischof Matulis aus Lettland, in dem unter anderem mitgeteilt wurde, daß Pastor Dr. Paul Hansen, der Europasekretär des Lutherischen Weltbundes, nach Lettland gekommen sei. Er habe Erlaubnis, mit Oberpastor Harald Kalnins einige Gemeinden in Rußland zu besuchen. Die Gemeinden und Termine waren angegeben. Weil ich inzwischen erkrankt war, konnte ich keine Gemeinden besuchen, um mich mit Pastor Dr. Paul Hansen zu treffen. Er besuchte die Gemeinde zu Karaganda, Alma Ata und Nowosibirsk. Dort erzählte Prediger Gottlieb Ickert ihm unsere ganze Not. Er erwähnte auch etwas von unserer Bittschrift, von der Oberpastor Kalnins vorher nichts wußte. Zum Abschluß der Reisen, gingen Oberpastor Kalnins und Pastor Dr. Paul Hansen in Moskau zu Kurojedow ins Ministerium. Dort empfing Kurojedow sie freundlich und versprach, vom Lutherischen Weltbund christliche Literatur in deutscher Sprache für die Lutheraner einführen zu lassen. Als ich im nächsten Jahr Oberpastor Kalnins besuchte, berichtete er mir, daß 1978 5.000 Bibeln und auch der Sammelband und die Katechismen und Agenden nach Moskau eintrafen. Tarasow, ein Beamter Kurojedows, verwaltete die Verteilung, so daß ein gutes Teil der Lieferung uns nicht erreichte, sondern anderen deutschen Christen gegeben wurde.

Pastor Dr. Paul Hansen unternahm auch in den Jahren 1978–1979 mit Oberpastor Harald Kalnins Reisen zu Lutherischen Gemeinden in Rußland. Dabei widmete sich Oberpastor Kalnins ganz den Gemeinden. Seine herzhaften, vollmächtigen Predigten wurden auf Tonbänder aufgenommen und in anderen Häusern und Gemeinden gehört. Das gab neuen Mut und Kraft zum Leben und zum Leiden, denn der Atheismus wirkte immer noch durch die Lehre von Marx und Engels, Lenin und Darwin. In Hochschulen und Instituten mußten strenge Examen über Darwins Lehren abgelegt werden. Das brachte viele junge Leute vom christlichen Glauben ab. Viel Zeit und Gebet brauchten die Eltern für ihre Kinder, um sie für Christus zu gewinnen. Gut war es, daß die Deutschen, als sie vor Generationen sich in Rußland ansiedeln ließen, ihren Glauben und ihre christliche Traditionen mitgenommen hatten. Wären in den Gemeinden die Gebetsversammlungen nicht gepflegt worden, so hätten sehr wenige im Glauben standgehalten, vor allem auch wegen der Leiden um die Verkündigung der frohen Botschaft. Eine knappe Stunde am Sonntag reicht nicht aus, um eine lange Woche gegen den Strudel der Welt zu bestehen. Die

Christen in Rußland nützten die Zeit, als noch Gnadenzeit war. So konnte der Glaube bestehen und siegen.

1978 durfte Oberpastor Harald Kalnins zusammen mit Ausländern wieder einige Gemeinden in Rußland besuchen. Das stärkte die Christen, denn die Predigten und die Informationen über die starke, weltweite Verbreitung des Evangeliums ermutigte viele Brüder und Schwestern, mit den Pfunden, die Jesus ihnen gab, zu wuchern. Harald Kalnins erhielt zahlreiche Briefe von notleidenden Christen und Gemeindevorstehern. Wenn ich ihn etwa dreimal jährlich besuchte, hatten wir umfangreiche Themen zu besprechen. Da beauftragte er mich, manches in den Gemeinden in die Wege zu leiten, die auch ein Bethaus haben wollten. So wuchsen in den 70er Jahren trotz allen Widerstands die Evangelisch-lutherischen Gemeinden in allen Gebieten Rußlands. Und weil sich Oberpastor Kalnins mit allem Fleiß für unsere Gemeinden einsetzte, segnete der Herr die Arbeit. Die Obrigkeit in Moskau mußte einsehen, daß die wahren Gläubigen und die Gemeinden in ganz Rußland in aller Demut suchten, ihre Glaubensrechte zu bekommen. Oberpastor Harald Kalnins mußte jedesmal, wenn er eine offizielle Reise machen konnte, Bericht erstatten. Das gab den führenden Staatsmännern einen Anstoß, über die Bitten nachzudenken, die er für die Gemeinden einlegte.

Dies hatte auch auf unser Gesuch seine Wirkung gehabt, das wir bezüglich der Konferenz des Lutherischen Weltbundes eingereicht hatten. Es fand schließlich 1980 in der Stadt Tallin statt. Dennoch mußten dazu Auseinandersetzungen ausgestanden werden. So reichte Oberpastor Harald Kalnins ein Gesuch in Moskau ein mit der Bitte, zehn Älteste und Gemeindeleiter zur Konferenz aus Rußland kommen zu lassen. Es wurde abschlägig beschieden. Ich bekam einen Brief von Oberpastor Kalnins, in dem er mich über den Gang der Konferenz informierte. Dort sollte über die Frage der Leitung in der Evangelisch-Lutherischen Kirche gesprochen werden. Ich möge doch noch zu der Konferenz kommen, obwohl ich nicht zu den Sitzungen zugelassen werden könne, weil an der Tür eine Kontrolle stehe. Aber ich könnte doch der Eröffnung und dem Gottesdienst zu Beginn der Konferenz beiwohnen, alle Morgenandachten mitmachen und mich mit Brüdern vom Ausland treffen.

Ich ermutigte einige Brüder, sie sollten mit mir fahren. Aber es war ein Risiko, denn wenn die KGB-Leute jemanden bemerkten, der sich ohne Erlaubnis mit Ausländern unterhielt, wurde er wegen Spionageverdacht beschuldigt. »Fahre du hin«, sagten die Brüder, »und tue, was nötig ist. Unser Gebet wird dich begleiten.« So fuhr ich alleine nach Tallin. Bei Pastor Hugo Perno erhielt ich für zehn Tage ein Nachtquartier. Er war Rentner und krank, aber er freute sich über die Nachrichten, die ich ihm täglich von der Konferenz mitbrachte. Ich war schon seit Jahren mit ihm bekannt.

Der Eröffnungsgottesdienst wurde im Dom von Tallin gehalten. Danach machte mich Oberpastor Harald Kalnins mit vielen Delegierten bekannt, auch mit Dr. Carl Mau, den ich früher schon einmal in Riga in der Gertrud-Kirche getroffen hatte, als Oberpastor Kalnins nach einem Abendgottesdienst schon einmal eine zweistündige Unterhaltung im Hotel mit Erzbischof Matulis und Pastor Dr. Paul Hansen über den Zustand der Evangelisch-Lutherischen Gemeinden in Rußland hatte organisieren können. Jetzt waren wir in der Eingangshalle beieinander. Weil der Tisch dort keine »Wanzen« hatte und deshalb nicht abgehört werden konnte, schickte man eine junge Frau, die sich uns gegenüber setzte.

Delegaten v. r. Bischof Dr. Rathke, Dr. Dieterich und Oberpastor Kalnins u.a.

Sie saß über eine Stunde da, und als sie wegging, beaufsichtigte uns ein Mann an der Rezeption. Als auch er wegging, mußte auch ich aufbrechen. Wir verabschiedeten uns, und ich eilte zur Bushaltestelle, um zu Schwester Willy, der Organistin, zu fahren. Es war schon Mitternacht.

Am Montag kam ich in die Johannis-Kirche in Tallin zur Morgenandacht. Die hielt ein Bischof aus Tansania. Der afrikanische Bruder hielt eine ernste Predigt. Ich hörte zum ersten Mal einen Afrikaner predigen und freute mich sehr, ihn gesehen und gehört zu haben, was der geistlich begabte Bischof uns in der Morgenpredigt zu sagen hatte. Leider konnte ich ihn aber nicht persönlich begrüßen und mich mit ihm austauschen, weil so viele der Delegierten sich freuten, jemanden aus Rußland zu sehen. So traf ich mich auch mit verschiedenen Brüdern bei den verabredeten Plätzen unweit des großen Hotels in Tallin.

Am Donnerstag fanden wir uns am Nachmittag ein, um die Kandidatur von Oberpastor Harald Kalnins zu besprechen. Er sollte zum Bischof über unsere Rußlandgemeinden gewählt werden. Ich sollte meine Meinung darüber sagen. Ich bat die Delegierten, die Konferenz zu informieren, daß jetzt die Möglichkeit gekommen sei, dieses zu tun, damit auch unsere Lutherische Kirche in Rußland wieder ein eigenständiges Leben, eine Kirchenleitung und ein Konsistorium erhalten könne. Ich ließ die Konferenz durch die Delegierten von vielen unserer Brüder im Herrn herzlich grüßen. Dann kam noch Oberpastor Kalnins dazu. Nach der Unterhaltung machten wir ein gemeinsames Foto. Die Delegierten gingen wieder zur Sitzung und wählten dann den Oberpastor Harald Kalnins zum Superintendenten mit bischöflichen Vollmachten für die deutschen Gemeinden in Rußland.

Es durfte weder in den Gemeinden Estlands noch in der Stadt Tallin allgemein bekannt werden, daß jeden Morgen in Anwesenheit der Delegierten der Konferenz in der Johannes-Kirche Andachten stattfanden. Aber schon am Mittwoch war die Kirche überfüllt, und es gab rege Unterhaltungen. Viele Steckdosen waren angebracht, so daß viele auf ihre Tonbandgeräte die Morgengottesdienste aufnehmen konnten. Am Ende der Konferenz bekamen Dr.

Carl Mau, der Generalsekretär des Lutherischen Weltbundes, und andere Delegierte erstmals die Möglichkeit, einige Gemeinden in Rußland zu besuchen.

Die Anerkennung Kalnins als Superintendent für die Deutschen in Rußland wurde noch mehrere Jahre vom Ministerium für religiöse Angelegenheiten nicht bestätigt. Oft klagte er mir dieses. Aber er arbeitete, machte allein Reisen nach Rußland oder zusammen mit Landesbischof Heinrich Rathke aus der DDR, mit Pastor Dr. Paul Hansen, mit Dr. Carl Mau und vielen anderen. Das mußte die Gemeinden geistlich erwecken. Viele ließen sich registrieren und richteten Bethäuser ein. In Riga traf mehr und mehr christliche Literatur ein. Frau Kalnins verpackte die Bücher in kleine Pakete, die dann an die Gemeinden weiterversandt wurden, die in vielen Briefen darum gebeten hatten.

Ein eigenes Gesangbuch

Weil es immer noch viel zu wenig christliche Literatur gab, wollte Superintendent Harald Kalnins in Rußland Bücher drucken lassen. Er fragte deshalb im Ministerium für religiöse Angelegenheiten nach und bekam tatsächlich mündlich die Erlaubnis dafür, aber es wurde kein Papier zugeteilt. Durch Vermittlung eines Bischofs aus Finnland wurden ihm schließlich fünf Tonnen Papier versprochen. Nächtelang saß Superintendent Kalnins an der Arbeit, ein Gesangbuch zusammenzustellen. Es sollten Lieder aus verschiedenen Gesangbüchern früherer Zeiten sein, zum Beispiel aus dem »Geistlichen Liederschatz«, der 1800 Lieder enthielt, dem »Petersburger Gesangbuch« und dem »Wolga-Gesangbuch«. Schließlich wurde daraus eine Sammlung von 1600 Liedern. Dieses Liederbuch mußte aber durch die Kontrolle in Moskau, wozu man dort zwei Jahre benötigte mit dem Ergebnis, daß 400 Lieder gestrichen werden müßten. Superintendent Kalnins mußte alles neu überarbeiten. Und wieder mußte alles zur Kontrolle. Mehr als ein Jahr verging, und immer noch waren es zu viele Lieder. »Noch einmal ändern!« hieß es. Dann endlich kam die Erlaubnis, das Liederbuch zu drucken. Aber wo könnte man es drucken lassen?

Filaret, der orthodoxe Oberpriester, lud schließlich Superintendent Kalnins nach Moskau ein, um dort darüber zu verhandeln, wie in der Druckerei der Orthodoxen Kirche Rußlands unsere Gesangbücher und Kalender gedruckt werden könnten. Es zog sich aber alles noch jahrelang hin, bis die Gesangbücher und auch ein Kirchenkalender für das Jahr 1989 gedruckt wurden.

500jähriges Jubiläum

Ich bekam einen Brief. Darin teilte Superintendent Kalnins mit, daß in aller Welt das 500jährige Martin-Luther-Jubiläum gefeiert würde. Auch in Riga sei Erlaubnis erteilt worden, dieses Fest am 8. und 9. Oktober 1983 zu feiern. Und was noch erfreulicher sei, das Ministerium für religiöse Angelegenheiten habe die Erlaubnis gegeben, daß zehn Gemeindeleiter aus Rußland der Feier beiwohnen dürfen. »Aber deine Teilnahme«, so stand zu lesen, »ist vom Ministerium gestrichen worden. Ich möchte Dich jedoch gerne dabei haben. Komm zu mir! Du wirst mein willkommener Gast sein und alles miterleben. Denn zu dieser Feier sind auch Gäste aus dem Ausland eingeladen, so auch Landesbischof Heinrich Rathke aus der DDR.« Ich schrieb Superintendent Kalnins zurück, daß ich ab 7. Oktober, so Gott will, mit meiner Frau und Tochter bei meiner Schwägerin in Riga sein werde und wir uns dann sehen würden.

Zu jener Zeit bekam ich Zeitschriften aus der DDR, in denen von den Vorbereitungen zu diesem Jubiläumsfest in der DDR geschrieben wurde. Erich Honecker, der Vorsitzende der Kommunistischen Partei, wolle alles in Ordnung bringen lassen und selbst der Schirmherr dieser großen Feier sein. In den Berichten stand auch, daß Erich Honecker Dr. Martin Luther als einen Revolutionär bezeichnen wollte und nicht als Reformator. Sollte es gelingen, was der Atheismus in der DDR vorhatte? Ich betete zum Herrn: »Laß es nicht zu!« Ich hatte Superintendent Kalnins Worte in seinem Brief verstanden, daß wir zusammen beten sollten, denn ausführlich konnte er es mir wegen der Zensur der Briefe nicht schreiben.

Am 7. Oktober trafen wir bei meiner Schwägerin in Riga ein. Es war regnerisch. Die angekommenen Brüder waren im Hotel untergebracht. Als ich zu Superintendent Kalnins kam, war bei ihm auch schon Pastor Roge aus Litauen. Erzbischof Matulis hatte uns rußlanddeutschen Prediger am 8. Oktober auf 9 Uhr zu sich ins Konsistorium eingeladen. Weil aber die Brüder nicht allein hinfanden, bat mich Superintendent Kalnins, zum Hotel zu gehen und die Brüder ins Konsistorium zu führen. Es regnete sehr, und wir konnten kein Taxi finden. So mußten wir zu Fuß gehen. Naß kamen wir bei Erzbischof Matulis und seiner Frau an. Nach kurzer Zeit trafen auch die Gäste aus dem Ausland ein, Dr. Carl Mau, der Generalsekretär vom Lutherischen Weltbund, und der Europasekretär Dalgrinn, auch Landesbischof Heinrich Rathke aus der DDR und Landesbischof Hans von Keler aus der Bundesrepublik. Erzbischof Matulis hielt die Morgenandacht, dann stellten wir uns gegenseitig vor und antworteten auf die Fragen der Gäste. Schließlich legten wir ihnen unsere Bitten vor. Unter anderem bat ich Dr. Mau, der Lutherbund möchte uns doch wenigstens 500 Jubiläumsbibeln mit Erklärungen und Konkordanz schicken. Solch eine Bibel hatte ich 1970 als Geschenk von Pastor Pfeiffer bekommen. Da unsere Lutheraner in ganz Rußland weit verstreut wohnten, war es den Sektierern möglich, für sich Werbung zu machen. Die Jubiläumsbibel mit ihren kurzgefaßten Erklärungen war deshalb in allen Gemeinden dringend nötig und hilfreich. Schon bei der nächsten Büchersendung bekamen wir die gewünschten 500 Jubiläumsbibeln. Die leitenden Brüder der Gemeinden konnten bald diese Bibeln in Händen halten. Wir dankten Gott für die Sendungen, die uns erreichten, dankten auch für die Spender, durch welche es möglich war, diese Sendungen an uns in Rußland zu schicken.

Zur Mittagszeit bereitete Frau Matulis für uns einen Kaffee mit Torte zu. Jeder von uns sollte sich selbst ein Stück Torte abschneiden, aber weil wir in Rußland noch nie eine solche Torte gesehen hatten, überließen wir das Schneiden der Torte in Stücke Frau Matulis. Gestärkt am Leibe, unterhielten wir uns noch bis 15 Uhr. Nach einem Dankgebet und dem Lied »Jesu, geh voran« gingen wir, um uns auszuruhen, denn um 19 Uhr war in der alten Gertrud-Kirche in Riga, wo der alte Pastor Feldmanis amtierte, ein ökumenischer Gottesdienst angesagt.

Ich mußte wieder die Brüder aus Rußland hinführen. Wir gingen mit großer Freude dort hin. Die Kirche war gefüllt mit Menschen. Die Predigt wurde in Lettisch, Russisch, Englisch und Deutsch gehalten. Dr. Mau übersetzte mir die englische Predigt, Superintendent Kalnins die lettische.

Am Morgen des 9. Oktober waren wir zum Erntedankfest in die Jesuskirche in Riga eingeladen, wo Superintendent Kalnins amtierte. Nach dem Gottesdienst gab es ein Essen.

Am Nachmittag kam man zum Jubiläumsfest in der Martin-Luther-Kirche zusammen. Dort hielt Erzbischof Matulis die Predigt. Der Metropolit Filaret aus Rußland schenkte der Kirche ein wertvolles Altarkreuz. In seiner Ansprache sagte er: »Es hat sich das Blatt gewendet. Wir werden jetzt mehr ökumenisch miteinander sein.« Es war ein rechter Missionsgottesdienst, in dem auch ein Chor aus drei Kirchen Lieder in Deutsch und Lettisch sang.

Am Abend wurden wir ins größte Hotel zum Abendessen eingeladen. Es waren rund hundert Tischgäste. Superintendent Kalnins führte die Gespräche und dolmetschte. Es gab hin und her viele Fragen. Auch der Bevollmächtigte für religiöse Angelegenheiten Lettlands war anwesend. Solchen vielfältigen und reichen Tisch hatten wir Rußlanddeutschen noch nie gesehen, geschweige denn davon gegessen. Kurz vor Mitternacht verabschiedeten wir uns von allen und gingen zur Wohnung.

Zur medizinischen Versorgung

Prediger Ewald Fenske aus Nogornohe hatte ein Auto, mit dem er mich oft zu den Gemeinden im Gebiet Koktschetaw fuhr. 1978, als ich wieder einmal zu ihm kam, war ich erschrocken, als ich seine Frau Maria sah. Sie war mager und hatte vor Schwäche keine Stimme mehr. Ich fragte nach der Ursache. »Sie kann nicht essen. Zur Röntgenuntersuchung hat sie erst in drei Monaten einen Termin, solange aber gibt es keine Arznei und keine ärztliche Behandlung.« Ich sagte: »Ewald, besorge für morgen zwei Fahrkarten. Ich will bei euch heute Abend einen Gottesdienst halten, und morgen fahre ich mit Maria nach Sysran. Es eilt. Meine Lydia arbeitet dort in der Chirurgie. Wir werden Maria ins Krankenhaus bringen und untersuchen lassen.« So geschah es. Wir kamen am Morgen mit der Eisenbahn nach Sysran, und gleich wurde Maria ins Krankenhaus eingeliefert. Dr. Bespjatow verschrieb sogleich alles Nötige, um die Kräfte wieder herzustellen. Die Speise aber blieb nicht im Magen. Die Röntgenuntersuchung zeigte, daß ein schnelles chirurgisches Eingreifen nötig war. Als meine Lydia das vom Magen entfernte Stück betrachtete, war zu erkennen, daß der Ausgang nur noch vier Millimeter groß war. Marias Zustand nach der Operation war bedrohlich. Die Schwestern aus der Gemeinde boten sich an, bei ihr zu wachen, als erste meine Lydia, dann meine Schwester Selma, dann Maria Bauer und ihre Schwester Katja. Abwechselnd betreuten sie Maria, die zu Hause doch noch fünf kleine Kinder hatte. Die Gemeinde betete für sie, und Gott erhörte ihr Rufen. Maria wurde gesund und konnte wieder zu ihren Kindern zurück und lebt auch heute noch.

Viele unserer Deutschen, groß und klein, sind wegen fehlender Medizin oder ärztlicher Behandlung gestorben.

Als ich 1976 die Gemeinde Intumak im Gebiet Alma Ata besuchte, kam ich zu unserem Verwandten Emil Schacht und erschrak sehr, als ich seine Tocher Emma sah. »Ich lag im Krankenhaus«, erzählte sie, »wurde aber wieder krank entlassen.« Sie war erst 16 Jahre alt, sie konnte nicht essen und war ganz schwach. Ihre Mutter weinte sehr. Da sagte ich: »Morgen kaufen wir Flugkarten für das Flugzeug und fliegen zu uns nach Sysran!« Ihre Mutter Frieda beeilte sich. Und so kamen wir noch zur rechten Zeit. Emma wurde am Blinddarm operiert und heute lebt sie in Paderborn als Mutter von vier Kindern.

Warum schreibe ich diese Erlebnisse nieder? In Deutschland sollen viele wissen, wie man mit uns in Rußland umging. Waren denn keine Chirurgen in Alma Ata, um einen Blinddarm zu entfernen? Oder in Koktschetaw, um unsere liebe Schwester Marie zu operieren? Doch, aber der Haß auf die Deutschen machte jegliche Hilfe für sie unmöglich. Die jahrelange Hetze gegen die Deutschen in Radio und Fernsehen haben die Sowjetbürger zu deutschfeindlichen Leuten erzogen. Die Mißhandlungen der Deutschen wurden mit verschiedenartigen Methoden betrieben. Ein zuständiger Kommandant hatte alle Macht. Keiner stand mehr über ihm. Er konnte machen, was er wollte. Religion galt als »konterrevolutionäre Tätigkeit«. Deshalb sollte jegliche Religion ausgerottet werden. Ein solcher Kommandant hatte oft mehrere Dörfer zu beaufsichtigen und sollte keine christlichen Zusammenkünfte erlauben.

Besondere Nöte

1973 besuchte ich im Koktschetawer Gebiet auch die Gemeinde in Jasnaja Poljana. Nach dem Abendmahlsgottesdienst machten wir Krankenbesuche. Es war Herbst. Wir kamen an ein Haus, das keine Fenster hatte. Solche Häuser nannte man Stalinka, d.h. von Erde gebaut. Bruder Morlang sagte, hier wohnt eine alte Schwester. Sie ist schon 91 Jahre alt und ist an den Füßen krank. Deshalb kann sie nicht zum Gottesdienst kommen. Als wir eintraten, bemerkte ich das einzige Fensterchen oben am Dach. Die alte, gläubige Schwester begrüßte uns fröhlich und freute sich sehr, wieder das Abendmahl zu bekommen. Als wir etliche Lieder gesungen hatten, feierten wir miteinander das Abendmahl. Dann schloß die alte Schwester ein langes Dankgebet an, das uns alle zu Tränen bewegte. Keine Unzufriedenheit war in ihrem Gebet zu hören, es war alles nur Dank und die Bitte um Kraft, im Glauben festzubleiben. Eine große Hausbibel lag auf ihrem Tisch und auch ein Petersburger Gesangbuch. Als ich sie fragte, ob sie allein hier wohne, sagte sie: »Ja, ich wohne hier allein, aber ich bin nicht allein. Mein Heiland ist immer bei mir. Er redet zu mir durch die Bibel.« Dann fing sie an, von ihren Erlebnissen mit Jesus zu er-

Im Hintergrund sind die Erdbuden zu sehen.
Die Frau mit gefalteten Händen ist meine Lydia; ich stehe hinter dem Zaun mit einer Mütze.

zählen. Einundeinhalb Stunden hörten wir ihr zu, wie sie freudig von ihrem Helfer Jesus erzählte. Sie sprach von so vielen Gebetserhörungen und ermutigte uns, nur getrost Gott zu vertrauen, denn er führe doch alles wohl. Als wir uns verabschiedeten, sagte sie: »Tragt doch die frohe Botschaft von Jesus ohne Furcht weiter. Ich bin 91 Jahre alt, und vielleicht sehen wir uns hier auf Erden nicht mehr, dann soll unser Zusammentreffen bei Jesus im Himmel sein.«

Bruder Morlang erzählte mir, daß die Jugendlichen die alte Schwester mit Holz für den Ofen versorgten, mit Lebensmitteln aus dem Geschäft und mit Wasser, das auch weither zu holen war. Sehr oft war im Winter ihre Eingangstür von Schnee ganz zugetrieben, dann schaufelten die Jungen Steg und Weg bis zur Tür frei. Solche Erdbuden waren die ersten Wohnungen in Jasnaja Polajna, in die die Wolhyniendeutschen 1936 geschickt wurden.

Gemeindebesuche im Gebiet Kotschetaw

Bei einem anderem Besuch im Koktschetawer Gebiet kam ich in das Dorf Podlesnoje. Dort wohnte Emil Schinski, der Sohn mei-

Brüder aus der Gemeinde in Litowotschnaja Br. Hugo Schatschneider und Br. Oswald Busenius mit Propst Erich Schacht

ner Tante. Er lebte noch in einer alten, niedrigen Lehmbude. Schon am ersten Abend besuchte ich die Gemeinde und hielt einen Abendmahlsgottesdienst. Die Freude war groß, weil die meisten schon lange kein Abendmahl mehr empfangen hatten. Mit dem Gesang gab es aber zu jener Zeit Schwierigkeiten. Die Lieder mußten vorgesagt werden, weil keine Gesangbücher vorhanden waren. Alle christliche Literatur war vom NKWD-Kommandanten bei Hausdurchsuchungen beschlagnahmt worden. Bruder Reinhold Lau, der die Gemeinde führte, bat mich deshalb sehr, doch auch ihnen christliche Literatur zu bringen.

Am nächsten Tag besuchten wir die Gemeinde im Dorf Litowoschnoje. Wie auch in Podlesnoje fand der Abendmahlsgottesdienst in einem Privathaus statt. Auch brachten die Eltern ihre Kinder zur Taufe. Bruder Busenius lud mich ein, bei ihm zu übernachten, denn es sei vieles zu besprechen. Er erzählte mir, wie arm alle seien. In allen Gemeinden fehlte es an Bibeln, Neuen Testamenten, Gesangbüchern und Katechismen. Ich schrieb mir alles auf, um es für die Gemeinden zu besorgen.

Am Nachmittag fuhr Bruder Hugo Schatzschneider mit uns nach Krasnoarmeisk. Dort wurde das Erntedankfest gefeiert. Mit drei Autos fuhren wir die 60 km und haben den ganzen Weg über christliche Lieder gesungen. Als wir dort ankamen, war das Bethaus schon voll. Die Brüder bahnten uns den Weg nach vorne. Ich mußte meinen Talar anziehen. Als ich in den Raum kam, weinten viele, denn sie hatten schon lange oder noch nie einen Pastor in Dienstkleidung gesehen. Zu viert hielten wir die Predigt zum Erntedank. Es herrschte eine sehr große Freude, und viele baten, daß wir ihnen doch helfen sollten. Es bestanden dort drei Gemeinden, aber sie hatten keine Bücher. Viele wollten sich konfirmieren lassen, brauchten aber Katechismen zum Lernen. Ich schrieb alles auf, um nichts zu vergessen. Es waren auch aus anderen Gemeinden Leute zum Erntedankfest gekommen. So machten wir uns bekannt mit Bruder Müller, der wie ich von der Krim stammte, und mit Bruder Edmund Walter und Bruder Wiese, ebenfalls Gemeindeleiter. Bruder Theodor Schlese aus Leonidowka bat mich, mit ihm zu fahren. Ich versprach es. Aber Bruder Edmund Walter sagte: »Nein, Vater, heute bleibt er bei uns. Und morgen bringe ich ihn zu euch.« Während des Abendessens fragte ich Bruder Walter: »Ist denn Bruder Theodor Schlese Ihr Vater?« – »Ja«, sagte er, »er ist mein zweiter Vater.« – »Wieso«, fragte ich. Da erzählte mir Bruder Walter folgendes: »Ich war, wie viele unserer Deutschen, ein Weltmensch und wußte nichts von Gott. Ich wohnte in Leonidowka, wo auch Bruder Theodor Schlese wohnte. Da traf ich einmal mit ihm zusammen. Ich wußte, daß er heimlich Gottesdienste hielt. Aber das interessierte mich nicht. Auf dem Weg sprach mich Theodor Schlese an und sagte: ›Edmund, es ist auch für dich Zeit, daß du in den Gottesdienst kommst. Auch du brauchst den Heiland.‹ Ich sagte ihm, daß ich zu schlecht sei, um in die Andacht zu gehen. Bruder Theodor Schlese meinte aber: ›Gerade die Schlechten ruft der Heiland, damit sie besser werden. Komm heute Abend zu uns ins Haus. Du wirst etwas Besonderes erleben.‹ Ich versprach es und ging hin. Und wen traf ich? Lauter Bekannte, alle solche wie ich. Ich hockte mich auf Theodor Schleses Schusterstuhl in der Ecke. Da fingen sie an zu singen: O, mein Jesus, du bist wert, daß man dich im Staube ehrt! Ich konnte jedes Wort verstehen. Und weil kein Platz zum Knien war, standen alle zum Beten auf. Bruder Theodor Schlese bat den Herrn Jesus, die Herzen derer zu öffnen, die zum erstenmal gekommen waren, daß auch sie ihn einließen. Dann las er einen Spruch aus der Bibel vor: ›Selig sind, die reines Herzens sind, denn sie werden Gott schauen!‹ Und dann sprach er darüber, was alles in einem unreinem Herzen sein und wie Jesus das unreine Menschenherz reinigen kann. Er tut das gerne, wenn wir ihn bitten: Herr Jesus, mach mein Herz rein, daß ich dich schauen kann! Alles was er sagte, traf auch auf mich zu.

Es war ein Samstagabend. Als ich nach Hause kam und mich schlafen legte, konnte ich nicht einschlafen. Gott hat unsere Erde gemacht und alles, was darauf wächst und lebt und auch uns Menschen. Immer wieder erinnerte ich mich an die Worte, die Bruder Theodor Schlese in der Abendversammlung gesagt hatte, und an die Einladung: ›Morgen ist Sonntag. Wir brauchen morgen nicht zu arbeiten. Es wird ein Predigtlesegottesdienst sein. Kommt und bringt auch eure Verwandten mit. Wir wissen nicht, wie lange es noch politisch ruhig sein wird, daß wir das tun können.‹ Als ich einschlief, war mir, als hörte ich es immer noch singen: Jesus nimmt die Sünder an! Am Morgen faßte ich den Entschluß, zur Andacht zu gehen. Als ich schon nahe am Bethaus war, begegnete mir ein Bekannter und fragte mich, wo ich hingehen würde? Es war für mich unverhofft. Er sagte, du gehst wohl hierhin? Ich bejahte und ging in den Hof. Alle warteten, bis Bruder Theodor Schlese aus der anderen Stube kam. Dann standen sie auf. Er begrüßte alle herzlich und fing im dreieinigen Gottesnamen den Gottesdienst an. Es wurde das Lied gesungen: ›Liebster Jesu, wir sind hier, dich und dein Wort anzuhören.‹ Dann hat er aus einem Buch eine Predigt gelesen. Vorher aber haben alle das Glaubensbekenntnis gesprochen. Ich aber kannte das nicht. Auch das Vaterunser kannte ich nicht. Am Schluß des Gottesdienstes wurde der Segen gesprochen. Alle gingen still nach Hause. In mir aber wurde es unruhig.

Gerade in dieser Zeit fand ein Begräbnis statt. Was ich da hörte, traf mich auch, denn in der Predigtlesung kamen die selben Worte vor: ›Heute, so ihr meine Stimme hört, verstocket eure Herzen nicht!‹ Ich geriet in einen Kampf, denn meine Freunde in der Welt spotteten über mich. Aber Vater Theodor Schlese betete für mich. Der Herr Jesus erhörte ihn, und er sah auch mein zerbrochenes Herz an. Ich ging immer wieder zum Gottesdienst und fand dort

Propst Erich Schacht zu Besuch in der Gemeinde in Krasnodolsk; links von ihm der Gemeindeleiter Bruder Jesse

das, was mich jetzt glücklich macht. Ich habe Frieden mit Gott gefunden. So wurde ich nochmals geboren, und das verdanke ich dem Diener des Herrn Jesus, Bruder Theodor Schlese.

Und nun, Bruder Pastor Schacht, sollen Sie uns helfen. Unsere Enkel sollen getauft werden. Unsere Kinder sollen konfirmiert werden, haben aber keine Bibeln, Gesangbücher und Katechismen. Kommen Sie, so oft Sie können. Es tut sehr not.« Bruder Walter brachte mich am nächsten Tag mit seinem Auto nach Leonidowka. Bruder Theodor Schlese hatte zum Abend einen Abendmahlsgottesdienst angesagt, der auch stattfand. Als wir uns zum Gebet erhoben, erschallte ein einmütiges, lautes Dankgebet, das zum Herrn aufstieg. Dann wurden wieder viele Bitten um christliche Bücher vorgebracht.

Wieder schrieb ich mir alles auf. Ich war von der Zeit an noch oft im Hause Walter, taufte ihre und anderer Christen Kinder und konfirmierte die Kinder und Enkelkinder. Wir hatten viele gesegnete Stunden miteinander und mit der Gemeinde. Auch in der Gemeinde Rabotschij, so hieß der Siedlungsplatz in Krasnoarmeisk, wo Bruder Müller war, hatten wir Konfirmations- und Abendmahlgottesdienste gefeiert.

Gemeinde in Jasnaja Poljana

Von Leonidowka holte mich ein Bruder nach Jasnaja Poljana ab. Dort waren zwei Gemeinden. Bruder Ense nahm mich mit zu sich ins Haus. In beiden Gemeinden hatten wir Tauf- und Abendmahlsgottesdienste. Und auch hier wurde wieder die Bitte um Literatur laut. Bruder Ense und seine Frau nahmen es mit dem Glauben ernst und waren gastfreundlich. Bei ihnen nahmen wir viele Lieder und kurze, christliche Ansprachen auf Tonband auf. Davon fertigte ich Kopien an und schickte sie ihnen zu. Auch er kaufte sich zwei Tonbandgeräte und überspielte die Cassetten und verschickte sie. Die Dankesbriefe, die er bekam, konnten zu Tränen rühren. Als die Geschwister Ense ihr 50. Ehejahr überschritten hatten, wollten sie gerne Goldene Hochzeit feiern und baten mich, mit meiner Frau zu kommen und die Feier zu leiten. Mit Freude nahmen wir die Einladung an und trafen schon einen Tag früher ein. Als wir in den Hof gingen, saß Bruder Ense auf der Hausschwelle und hatte eine Schüssel vor sich. Er trennte das Eigelb vom Eiweiß, um es in das Gebäck zu tun. Sein alter Kittel war schon ganz bespritzt. »O, Onkel Erich«, sagte die Tochter Ida, die gerade aus der Stube kam und ihren Vater so sitzen sah, »ihr solltet doch erst morgen kommen.« – »Ja, aber ich wollte doch sehen, wie der Jubilar mit dem Eischnee fertig wird, schließlich muß man ja schnell schlagen. Aber seine alten Hände tun es langsam, und darum spritzt es.« Es gab ja keine Mixgeräte. Jetzt kam die Jubilarin Ense heraus und sagte: »Ich han's g'sagt, die kennet auch heit scho' komme.« Meine Lydia war im Kuchen- und Plätzchenbacken versiert und so freute sich Frau Ense, daß wir ihr schon am Freitag mithelfen konnten. Am Sonnabend wurde alles geschmückt. Drei Zimmer wurden mit Bänken und Stühlen ausgestattet. Und am Sonntagmorgen fand dann der Gottesdienst mit der Feier der Goldenen Hochzeit für die ganze Gemeinde statt. Viele Lieder wurden gesungen und Gedichte aufgesagt. Es war ein segensreicher Sonntag. Opa und Oma Ense sind heute schon bei Jesus. Das viele Gute, das sie für Jesus und für die Gemeinde und an anderen Christen getan haben, wird der Herr ihnen lohnen. Die Brüder Morlang, Siegert, Netz und andere leiteten den Dienst weiter und bauten auch ein Bethaus in Jasnaja-Poljana.

Erich Schacht beim Gemeindebesuch in Koktschetaw; zu seiner rechten Seite sitzend Brüder Netz, Br. Morlang und Br. Siegert

Gemeinde in Leonidowka

Bruder Theodor Schlese war ein Mann, der schon seit der Konfirmation mit dem Glauben an Gott ernst machte. Kurz vor dem Krieg wurde er aus seiner Heimat verbannt und mit vielen anderen Männern deutscher Nationalität festgenommen und als Konterrevolutionär in ein Lager im Gebiet Koktschetaw gebracht. Er erzählte mir: »Es entstand ein neues Lager. Die Baracken mußten wir aus Baumstämmen selbst bauen. Die Kost war schlecht. Das Klima sibirisch. Viele erkrankten und starben an Unterernährung, Kälte oder durch schwere Arbeit in Regen und Schnee. Da erkrankte auch ich an der Vitaminmangel-Krankheit Zinga. Die Zähne wurden locker, es entstanden braune Flecken am ganzen Körper und Schmerzen an Händen und Füßen. Da sagte ich es meinem Heiland: ›Du hast versprochen, daß man dich in der Not anrufen soll und du erretten willst. Und bei mir ist es jetzt höchste Zeit, daß Hilfe kommt. Wenn du jetzt nicht hilfst, dann ist es um mich geschehen. Du aber kannst und wirst helfen. Ich glaube es, mein Heiland, und du wirst mich heilen.‹

Viele Menschen konnten nicht zur Arbeit gehen, weil die Schuhe kaputt waren und es keine Schusterei gab. Ich mußte ein paar Tage im Lager bleiben wegen der geschwollenen Füße. Da saß ich in der Baracke und flickte selbst meine Schuhe. Plötzlich hieß es: Aufstehen! Alle, die in der Baracke waren, mußten aufstehen, ob krank oder gesund. Der Lagerleiter kam. Er ging zu jedem und fragte, warum er nicht bei der Arbeit sei. Jeder nannte seinen Grund. Er schaute auf seine Liste und ließ sie sich wieder setzen. So kam er auch zu mir. Ich sagte ihm, daß ich krank sei. ›Krank? Und was machst du da?‹ – ›Ich flicke meine Schuhe, daß ich wieder zur Arbeit gehen kann, wenn ich gesund bin.‹ – ›So..! Dann bist du ein Flickschuster? Schau mal, 18 Männer sind hier in deiner Baracke und können nicht zur Arbeit gehen, weil sie kaputte Schuhe haben. Sie bekommen aber, weil sie nicht arbeiten, nur 500 g Brot und Linsensuppe. Vielleicht richtest du eine Schuhflickerbrigade ein, dann wird dem ganzen Lager sehr geholfen sein.‹ – ›Das wäre gut, aber wir haben nichts, womit wir etwas anfangen könnten, kein Garn, keine Pfriemen, kein Leder, ja nichts.‹ – ›Ich rufe dich am Nachmittag ins Büro‹, sagte der Lagerleiter und ging dann zum nächsten Gefangenen weiter. Am Nachmittag holte mich ein Wächter ins Büro ab, dort wartete der Lagerchef: ›So, Theodor Schlese, mit diesem Begleiter fährst du ins Nachbarlager. Er bringt dich dort zum Lagerchef. Du gibst ihm dieses Schreiben, und wenn er es gelesen hat, wird er Fragen stellen. Dann hast du zu antworten, daß du ein Schuster bist. Dann bringt er dich in ihre Lagerschusterei, und du darfst dort sagen, was du alles brauchst, um eine Schusterbrigade zu organisieren. Sei aber nicht scheu, sondern dreist.‹ – ›Ich habe verstanden, Genosse Lagerleiter‹, sagte ich. Draußen stand ein großer Wagen mit zwei Pferden, die liefen nach dem ersten Peitschenhieb los. Mein Begleiter saß hinten mit der Flinte in der Hand. Nach einer Stunde Fahrt kamen wir in jenem Lager an. Es war sehr groß. Das Gewehr meines Begleiters war das Eingangsdokument in das Lager. Das Tor wurde geöffnet. Wir fuhren gleich zum Büro und gingen zum Lagerleiter. Der hielt uns nicht auf. So kamen wir rasch zur Schusterei. Ich machte mich mit dem Schusterbrigadier bekannt. Als ich meinen Namen nannte, sagte er, hier seien auch zwei unserer deutschen Brüder, und er rief: ›Jeganes, Genrich, kommt her, euer Bruder ist hier.‹ Mein Herz klopfte vor Freude. Ich spürte, daß meine Gebete erhört wurden. Ich erklärte ihnen unsere Not.

Ewald Fenske (dritter v. r. sitzend, zweite Reihe) in Nagornoje mit Kofirmanden

Der Brigadier befahl: ›Alles, was nötig ist, gibt ihm!‹ Und dann haben wir aufgeladen, ich konnte gar nicht alles sehen, was sie aufluden. Zuletzt kamen noch fünf Stühle hinzu. Als wir uns verabschiedeten, küßte ich vor Freude die deutschen Brüder. Einer von ihnen sagte zu mir: ›Vergiß auch unsere deutschen Brüder nicht in eurem Lager.‹ Ich verstand: Ich sollte sie zu Schustern ausbilden.

Unser Wagen war voll geladen. Mein Wächter sagte, ich würde mir damit Ansehen verdienen. Ich sann darüber nach, wen ich von unseren Deutschen als Schuster anlernen sollte. Für die neue Schusterei hatte der Lagerleiter ein großes Zimmer in einer Baracke freimachen lassen. Die Fenster waren mit Gitter versehen und hatten Doppelschlösser. Als wir vorfuhren, übergab mir ein Mann die Schlüssel. Ich mußte die Schlösser ausprobieren. ›Du bist Brigadier, suche dir Gehilfen.‹ Da sagte ich ihm: ›Schicke mir zwei Mann, um den Wagen abzuladen.‹ Es kamen aber drei. Der Wächter hatte mich verlassen, denn ich stand jetzt unter Lagerschutz. Ich bemerkte erst beim Ausladen, daß die deutschen Schuster mir viele bereits reparierte Schuhe aufgeladen hatten. Es waren über 70 Paare. Sechs Plätze im großen Zimmer waren mit Beleuchtung versehen. Als alles ausgeladen war, verschloß ich die Tür und ging zu meiner Baracke. Ich bat einen Bettnachbar, mir mein Essen aus der Küche zu holen, denn ich hatte sehr starke Schmerzen in meinen Beinen. Ehe ich mich versah, war der Mann wieder da und brachte mir Speise aus dem Dritten Kessel und 300 g Brot mehr als sonst und sagte: ›Jetzt wirst du immer den dritten Kessel bekommen.‹ Ich schaute alles an und freute mich. Gott hat sein Kind erhört und über Bitten und Verstehen geholfen. Ich bat um seinen Segen für die Speise und konnte mich genügend satt essen. Nach einer Stunde Ruhe ging ich wieder zur Werkstube, um alles zu besehen, was man mir eingepackt hatte. Alles Nötige war da: Schusterhammer, Schustermesser, Nadel, Pfriemen, Nägel, Zwirn, Leder, Sohlen und so weiter. Es fehlte nur noch an Schustertischchen. Ich ging noch in die Lagerverwaltung und sagte dem Gehilfen des Lagerleiters, daß noch sechs Schustertischchen fehlen. Sogleich ging er mit mir in die Schreinerei. Dort zeigte ich, wie die Tische aussehen sollten. Und in der Nachtschicht wurden sie noch fertiggebaut. Ich aber ging, um mir Arbeiter zu suchen. Die Liste übergab ich noch abends ins Arbeitsbüro. Und schon am Morgen durften diese zu mir kommen und sich mit dem neuen Arbeitsplatz bekanntmachen. Ich verschloß die Tür und sagte: ›So, meine lieben Schustergesellen, den Anfang wollen wir mit Gebet machen, damit uns alles gelingen möge.‹ Koktschuk spricht das Gebet. Und er betete so ernst, daß wir alle mit Tränen in den Augen dastanden. Er war ein orthodoxer Christ, gut in der Schrift bewandert und gläubig. Ich schrieb mir die Normen ab, wieviel man machen muß, um das tägliche Brot zu bekommen. Und so fing unsere Arbeit an. Es gelang uns, alles noch Nötige zu schaffen. Bald wurden meine Füße und Zähne heil, weil ich jetzt bessere Kost bekam. Auch meine Schuster bekamen alle den zweiten Kessel. Wir verdienten noch etwas dazu, so daß jeder von uns noch anderen mithelfen konnte. Ich konnte dieses Wunder nicht verschweigen. Und so fanden wir Gläubigen immer mehr zusammen. Wir hielten in russischer Sprache Bibelstunden, hatten aber keine Bibel, einfach aus dem Schatz des Gedächtnisses, den jeder noch hatte. Und weil mich Gott in all diesen zehn Jahren so wunderbar erhalten und meine Gebete erhört hat, so will auch ich mein Versprechen halten und von seiner Liebe allen sagen, Gott singen, loben und preisen.«

Durch die freudige Verkündigung der frohen Botschaft hat Bruder Theodor Schlese viele Seelen für Christus gewonnen. Sooft

Gemeinde Gorkoho mit Bruder Reinhold Graß

ich die Gemeinde in Leonidowka besuchte, durfte ich die Gastfreundschaft der betagten Familie Schlese in Anspruch nehmen und mich ihrer Frömmigkeit freuen. Uns verband eine herzliche Gemeinschaft des Glaubens an Jesus.

Gemeinde in Kellerowka

Von Jasnaja Polajna kam ich nach Kellerowka, in das Rayon Zentrum. Ich ging zum Gemeindeleiter Reinhold Fillenberg. Dort hatten wir einen Abendmahlsgottesdienst und am Abend eine Versammlung mit Kindertaufe. Bruder Reinhold Fillenberg war fleißig und tat, was er konnte. Aber er war durch viele schwere Erlebnisse gesundheitlich ruiniert.

Gemeinde in Krasnaja Polajna

Von Kellerowka wurde ich nach Krasnaja Polajna gebracht, wo Bruder Reinhold Müller die Gemeinde leitete. Ein Sängerchor trug dazu bei, daß der Gottesdienst noch gesegneter wurde, den Bruder Müller leitete. Seine Frau und seine Töchter sangen im Chor mit. Jedesmal, wenn ich die Gemeinde besuchte, war ich als Gast im Hause Müller. Da lernten wir viele neue, christliche Lieder. Wir konnten uns austauschen über alles Nötige in der Gemeinde. Wegen ihrer Rentensache mußte Familie Müller nach Krasnoarmeisk übersiedeln. Danach nahm sich Bruder Reinhold Schulz der Gemeinde von Krasnaja Polajna an.

Gemeinde in Krasnodolsk

Von Krasnaja Polajna kam ich nach Krasnodolsk, wo Bruder Jesse der Leiter der Gemeinde war. Auch hier machten wir zuerst Krankenbesuche und hielten am Abend Abendmahls- und Taufgottesdienst. Aber dann mußte ich nach Sysran zurück, nach Hause.

Gemeinde im Dorf Gorki

Nach vier Monaten konnte ich schon wieder die Gemeinden im Koktschetawer Gebiet besuchen. Ich hatte schon etliche Bibeln, Neue Testamente, Gesangbücher, Katechismen und andere Erbauungsbücher und auch Predigtbücher aus dem Baltikum mitbringen können. Aber es waren immer noch Gemeinden da, die sich meldeten und darum baten, ich sollte sie doch besuchen, unter ihnen die Gemeinde im Dorf Gorki, wo Bruder Reinhold Gras der Leiter war. Die Behörden im Dorf aber waren christenfeindlich, so daß ich die Gemeinde nur nachts besuchte und auch nachts wieder verließ, um nicht festgehalten zu werden. Es waren gesegnete Stunden. Die Gemeinde betete viel: »Herr, bewahre unsere Gemeinschaft und laß uns nicht allein!«

Gemeinde in Tschernigowka

Die nächste Gemeinde war Tschernigowka. Bruder Reinhold Henke war dort Leiter. Auf den Dörfern hatten wir immer abends Gottesdienst, damit alle mitfeiern konnten, denn die Arbeit der Kolchose ging immer bis in den Abend. Im voraus wurde nie angesagt, wann der nächste Gottesdienst stattfindet, um uns vor Störungen zu schützen. So besuchten wir tagsüber die Kranken. Gegen Abend wurden dann Kinder zu den Gläubigen geschickt, den Gottesdienst anzumelden. Erst um 10 Uhr wurde angefangen und es dauerte oft bis 1 Uhr nachts, weil nach den Abendgottesdiensten oft noch Taufen, Trauungen oder Konfirmationen waren. Bruder Reinhold Henke war noch ein junger Bruder, aber er wucherte mit den Pfunden, die ihm vom Herrn gegeben waren.

Gemeinde in Nowo-Usenka

Von Tschernigowka fuhren wir nach Nowo-Usenka. Da empfing uns eine ältere Schwester, die heimlich die Gemeinde leitete. Das Dorf liegt weit in der Steppe. Es war seinerzeit 1912 von deutschen Aussiedlern gegründet worden. Und weil es Brachland war,

Gemeinde Nowo-Usenka mit der leitenden Schwester sitzend vorne rechts

hatten sie meistens gute Ernten. Auch die Viehzucht gelang samt Federvieh, Gänsen, Enten und Hühnern. So kamen sie schnell auf die Beine und bauten sich schöne Häuser. Sie schafften sich alle nötigen landwirtschaftlichen Maschinen an, auch Möbel und Hausgeräte. Sie hatten sich ein Bethaus gebaut. Aber schon 1930 kam das »rote Gewitter« mit allem Grimm. »Das sind Kulaken, Gutsbesitzer! Man muß ihnen die Habe wegnehmen!« Dazu gab der damalige Landesvater Stalin seine Zustimmung. Rinder, Pferde, Getreide, landwirtschaftliche Geräte, gute Kleidung und der ganze Vorrat wurde ihnen abgenommen. »Jetzt gibt's hier nur noch Großwirtschaft!« Die Männer von 20 Jahren an bis ins hohe Alter wurden zu 10 Jahren Haft abtransportiert. Von der Trojka der GPU wurden sie verurteilt und in den Norden, nach Sibirien und in den fernen Osten fortgeschafft. Die Frauen mit den Kindern blieben als Sklaven in den Kolchosen zurück. Sobald die Buben 18 oder 20 Jahre alt geworden waren, wurden sie von der GPU abgeholt, um große Bauten zu erstellen. Die Mütter aber mußten die Landarbeit verrichten. Mit Pferden und Ochsen mußten sie pflügen, eggen und vieles transportieren. Mädchen von 13 und 14 Jahren mußten schon mit Ochsen fuhrwerken und das Getreide abliefern, dazu oft bis 30 und 40 km weit fahren. Bei den Vätern war die Haftzeit nach zehn Jahren beendet, aber niemand kam zurück. Und viele Frauen und Kinder wissen bis heute noch nicht, wo die Ruhestätten ihrer Männer und Söhne und Väter sind.

Am Morgen fuhr eine Frau nach Nowo-Usenka und berichtete der alten Schwester, daß sie Besuch bekommt und daß man das Heilige Abendmahl feiern möchte. Als ich mit Bruder Jesse und anderen dorthin kam, hatte sich die Gemeinde schon im Haus der alten Schwester versammelt. Und als wir eintraten, standen alle auf und sangen: »Seid uns willkommen, liebe Brüder!« Alle weinten. Ich ging nach dem Lied zur Küche, um mich umzukleiden, und als ich wieder ins Zimmer kam, weinten alle laut. Ich schaute in das zweite Zimmer, konnte aber keinen Mann sehen, alles nur Frauen. Ich fragte: »Eure Männer sind gewiß alle auf der Arbeit?« Da brachen sie erst richtig in Tränen aus. Ein lautes Weinen und Klagen: »Unsere Männer, unsere Söhne?!« Ich kannte zu diesem Zeitpunkt die historische Vergangenheit dieses Dorfs noch nicht. Ich beruhigte die Leidensgemeinde. Wir sangen etliche Lieder. Dann kamen zwei bejahrte Männer herein, die am Leben geblieben waren. Sie fürchteten sich sonst, hierher zu der alten Schwester in den Gottesdienst zu kommen. Der Abendmahlsgottesdienst war segensreich. Viele Dankgebete wurden laut. Einzeln gingen die Schwestern nach Haus. Immer wieder fordernd: »Kommt doch wieder! Seit fünf Jahren hatten wir kein Abendmahl mehr gefeiert. Vor fünf Jahren war ein Bruder gekommen und gab uns das Abendmahl. Aber der wurde verscheucht und kam nie mehr.«

Dann mußten wir zu Mittag essen. Danach haben einige Schwestern, die dageblieben waren, kurz ihre Leidensgeschichte erzählt. Als wir dann abfuhren, winkten uns die Schwestern nach und riefen: »Kommt doch wieder!« Ihre Nöte schrieb ich mir auf, um auch ihnen zu helfen.

Gemeinde in Wischnojwka

Wir fuhren weiter nach Wischnojwka, wo wir auch einen Tauf- und Abendmahlsgottesdienst hielten. Die junge Gemeinde war froh, daß auch ihr Hilfe zugesagt wurde, denn sie hatten nichts an christlicher Literatur.

Gemeinde in Selejnyj Hai

Von dort holten mich die Brüder von Selejnyj Hai ab. Hier leiteten die beiden älteren Brüder Erhard Bechert und Emil Nierenberg die Gemeinde. Sie waren sehr mit dem Schöpfer des Himmels und der Erde verbunden und stark im Glauben gewachsen. Durch eine gute Unterstützung, die sie erfahren hatten, waren sie gereift, um die Frohe Botschaft hinauszutragen. Es war gleich zu spüren, daß auf ihrer Arbeit ein Segen vom Herrn lag. Nach dem Abendmahlsgottesdienst gab es ein segensreiches Gespräch. Die Brüder und Schwestern erzählten von den Wundern, die sie mit Jesus erlebt hatten. Hier besuchten wir auch die Kranken. Auch sie bezeugten uns die Treue des Herrn und gaben ihrer Sehnsucht Ausdruck, nach Haus ins himmlische Vaterland zukommen. Die Kranken ermutigten uns: »Besuchen sie nur unsere Gemeinde, wir werden für sie beten, daß der Herr sie bewahrt vor allem Bösem.« Auch für mich selbst waren das Freudenstunden, denn ich ver-

Gemeinde Selejnyj Hai mit Bruder Emil Nierenberg

traute darauf, daß Gott die Gebete der Kranken erhört, die sie für mich zu ihm sandten. Nachdem ich alle ihre Bitten aufgeschrieben hatte, fuhr ich mit großer Freude und tiefem Frieden ab.

Gemeinde in Kirowsk

In Kirowsk, wo Bruder Karl Hoppe als Gemeindeleiter war, lagen die Dörfer weit auseinander, oft 20 oder 30 km. Auch dort feierten wir das Heilige Abendmahl. Nachher sagte Bruder Hoppe: »Heute waren viele da, die noch nie kamen und haben versprochen, wiederzukommen. Sehen sie, es hat sich schon gelohnt, daß sie gekommen sind. Besuchen sie uns nur jedesmal, wenn sie in unsere Gegend kommen!« Dann wurden wir nach Nagornoje eingeladen, wo Prediger Ewald Fenske Gemeindeleiter war. Er war ein junger Bruder, der aber fleißig in der Schrift studierte und den Heiland von Herzen lieb hatte. Auch seine Frau hatte keinen Gottesdienst und keine Gebetsversammlung ausgelassen. Sie hatte eine gute Stimme, kannte die Melodien der Lieder und stimmte den Gesang in der Gemeinde an. Wir wurden vom ersten Tag unserer Begegnung an gute Freunde. Und wenn ich die Gemeinde in Nagornoje besuchte, war ich immer bei ihnen zu Gast. Prediger Ewald Fenske hatte ein kleines Auto, mit dem transportierte er mich viele Jahre von Gemeinde zu Gemeinde. Neun Jahre haben wir so miteinander die Gemeinden betreut und versorgt. Am 29. Juni 1980 habe ich ihn zum Prediger eingesegnet. So betreute er dann 23 Gemeinden, die ihm sehr dankbar dafür waren.

Gemeinde in Aktjubinsk

Die Gemeinden in Aktjubinsk besuchte ich etliche Jahre. Bruder Adolf Lemle hatte mich eingeladen. Ich war immer im Haus der Familie Lemle willkommen. Seine Frau Herta war eine freundliche, fröhliche Christin. Sie rief jedesmal, wenn ich bei ihnen war, ihre Schwestern und Brüdern aus der Nachbarschaft zu sich, mit denen wir herrliche Stunden erlebten. Wir sangen Lieder und nahmen sie aufs Tonband auf. Die Gemeinde hatte ein Bethaus und konnte ihren Gottesdienst ungestört halten.

Im Zentrum des Rayons Batamschinsk war auch eine Gemeinde, welche die Schwestern Meta Fliegfelder und Lisa leiteten. Diese Gemeinden besuchte auch Superintendent Kalnins einige mal von Riga aus. Bruder Maier leitete die Gemeinde in Aktjubinsk.

Gemeinden im Altai-Gebiet

Die Gemeinden im Altai-Gebiet besuchte ich nur einmal mit Bruder Emil Springer, der mich begleitete. Er selbst wohnte im Dorf Nowoje im Chaba-Rayon. Die Gemeinden lagen weit verstreut, manchmal bis zu 60 km.

So besuchten wir am 9. Mai 1976, einem Sonntagvormittag, die Gemeinde in Romanowka und am Nachmittag die Gemeinde in Krasnaja Armiaj. Am Montag und Dienstag darauf waren wir im Dorf Nowoe bei Bruder Springer und am Mittwoch im Dorf Podsosnowka. Überall waren Abendmahlsgottesdienste und Gebetsversammlungen. Am Donnerstag kamen wir nach Prischib. Am 15. Mai hatten wir in einer Gemeinde einen Konfirmations-Gottesdienst. Als die Konfirmation beendet war und wir das Abendmahl feiern wollten, kamen Parteifunktionäre und Regierungsbeamte und trieben die Gottesdienstbesucher auseinander. Auch zu mir waren sie sehr grob und gemein. Sie nannten den Gottesdienst eine faschistische Versammlung, die die Frühjahrsaussaat aufhalten würde. Ich entgegnete, daß wir ja am Abend versammelt seien und es sei Sonnabend und morgen sei Ruhetag. Aber der Parteichef antwortete: »Wir haben morgen, am Sonntag, Frühjahrsaussaat und keinen Ruhetag.« Sie drohten mir mit vielen Worten, und alle Gemeindeglieder gingen auseinander. Als wir zu unserem Gastgeber kamen und beim Abendessen waren, kam ein Bruder und sagte zu mir: »Morgen können wir kein Abendmahl feiern, denn die Parteileute führen Böses im Schilde. Morgen wollen sie Sie festnehmen und in die Gebietsverwaltung schicken. Fahren Sie bitte noch heute weg von hier, denn es sind böse, gottlose Menschen.« Auch ich hatte das innere Gefühl, daß ich wegfahren sollte. So beteten wir miteinander und fuhren zu Bruder Springer nach Nowoe. Spät in der Nacht kammen wir an, und unterhielten uns noch lange über die verschiedenen Nöte. Bruder Springer bat ich, die Gemeinde zu besuchen und den Konfirmanden das Heilige Abendmahl zu geben. Emil Springer wurde später von Bischof Kalnins zum Prediger eingesegnet. Und am Morgen ging es zur Bahnstation und dann nach Hause.

Gemeinden im Tschimkent-Gebiet

Die Gemeinden im Tschimkent-Gebiet besuchte ich zum erstenmal im Jahre 1970. Die erste war in der Stadt Dshetysai. Die Gebetsversammlungen fanden hin und her in den Häusern statt. Bruder Franz Jener war der Leiter, aber die Versammlung fand diesmal bei Schwester Maria Eichholz statt. Ich fragte, ob sie auch am Sonntag Gottesdienst hätten. »Nein«, sagte Bruder Jener, »denn die Brüder, die hier waren und wieder Versammlungen angefangen hatten, sind weggereist. Sie hielten keine Gottesdienste.« Da legte ich die Angelegenheit dem Bruder Franz Jener ans Herz und bat ihn: »Am kommenden Sonntag halten sie einen Gottesdienst. Es ist heute Dienstag. Wir werden noch einige Gemeinden in den Dörfern besuchen. Heute Abend werden wir hier bei Schwester Maria Eichholz Abendmahlsgottesdienst haben. Am Mittwoch, Donnerstag und Freitag kann ich noch Gemeinden besuchen und am Sonntag muß ich schon zum Gottesdienst zu Hause sein. Ich besuchte acht Gemeinden im Tschimkent-Gebiet. Am Donnerstag waren wir in der vierten Abteilung Sowchos, wo Bruder Peter Schneider die Gemeinde leitete. Am Tag besuchten wir neun Kranke und gaben ihnen das Abendmahl und am Abend hatten wir Abendmahlsgottesdienst, Konfirmation und Taufe in der Gemeinde. Solche Gottesdienste zogen sich immer bis zu drei Stunden hin. Bruder Peter Schneider war sehr froh über den Segen, den wir bei den Krankenbesuchen und im Abendmahlsgottesdienst verspürten. Er war ein kranker Mann und litt an Asthma, aber sein Inneres war gesund und lebendig und trieb den äußeren Menschen an, mit immer neuen Kräften einen vielseitigen Dienst für den Herrn zu tun. Seine Leiden, die er als Häftling um des Glaubens und der Verkündigung willen durchmachen mußte, hatten ihm durch Gottes Hilfe nicht den Mut gebrochen, sondern ihn nur noch stärker gemacht. Er fürchtete sich nicht, heimlich Gottesdienste und Gebetsversammlungen zu halten. »Wenn es noch möglich ist, will ich nicht widerstreben, sondern von Jesus zeugen, solang ich lebe.« Auch seine Frau war fest im Glauben und unterstützte ihren Mann, wo immer sie konnte. Sie freuten sich jedesmal sehr, wenn ich kam und erwiesen mir ihre Gastfreundschaft.

Am Freitag besuchten wir noch die Gemeinde in der 7. Abteilung vom Sowchos. Bruder Ilg leitete sie. Am Tag besuchten wir Kranke und am Abend hielten wir Gottesdienst. Dann mußte ich nach Hause. Bruder Schneider beschenkte mich noch mit Weintrauben, Wassermelonen und Zuckermelonen. So fuhr ich mit dem Zug über Taschkent nach Sysran. Ich kam sonntags gegen Mittag zu Hause an. So konnte ich den Gottesdienst um 14 Uhr noch selbst verrichten.

Im Dezember machte ich wieder eine Reise in das Tschimkent-Gebiet, denn Bruder Franz Jener schrieb mir, noch mehr Gemeinden hätten davon gehört, und diese bäten, ich möchte auch sie besuchen. Als ich bei Bruder Franz Jener ankam, war die Freude groß. Er machte gleich einen Plan, wie wir am besten die Zeit ausnützen könnten, schickte einen Bruder, um unser jeweiliges Kommen anzukündigen. Als wir zu Mittag gegessen hatten, sagte Bruder Franz: »Und jetzt machen wir Krankenbesuche.« Es kamen noch einige Geschwister, und wir gingen los. Es waren manche Kranke mit verkrüppelten Händen und Füßen, denn die Arbeit war schwer, die sie auf den Feldern beim Baumwollpflanzen verrichten mußten. Mit der breiten, schweren Hacke mußten sie im Feld Rinnen graben, um das Land zu bewässern. Sie mußten die Baumwollstauden anhäufeln, mußten Unkraut jäten und dann bis in den Winter hinein die Watte von den Stauden absammeln und abliefern. Die Vorarbeiter waren Kasachen, die oft ungeeichte Waagen hatten, wodurch die Sammler noch betrogen wurden. Nach einigen Jahren solcher Sklavenarbeit wurden die Leute krank und arbeitsunfähig. Sie litten an Erkältungen und wurden wegen der chemischen Bestäubung der Pflanzen krank. Mit einem Flugzeug wurde über ihren Köpfen das Unkrautvernichtungsmittel und der Dünger versprüht. Käfer und andere Schädlinge sollten dadurch bekämpft werden. Viele Jahre mußten die dadurch krank gewordenen bei wenig Krankengeld im Bett zubringen. Am Abend hielten wir Gebetsversammlungen. Bei Schwester Eichholz waren zwei Zimmer voll besetzt. Nach der Versammlung verteilte ich, was ich aus dem Baltikum an Bibeln, Neuen Testamenten, Gesangbüchern und Katechismen mitgebracht hatte. Viele Bitten um notwendiges wurden noch gestellt. So war es in allen Gemeinden. Ich sagte zu den Brüdern und Schwestern, sie sollten es aufschreiben und mir die Listen mit Anschriften geben. So bekam ich aus allen Gemeinden die Wunschzettel, die ich dann im Baltikum den Erzbischöfen zeigte, um von dort wieder etwas an Literatur zu bekommen.

Ich besuchte auch die Gemeinde im Dorf Beschkabur, wo Bruder Weingart diente. Er hat mich viele Jahre von Gemeinde zu Gemeinde begleitet. In Slawajnka lebte Bruder Hoffmann. Als wir in das Dorf Slawajnka kamen, wußten wir nicht, bei wem der Gottesdienst stattfinden könnte. Bruder Franz Jener hatte uns mit seinem Auto gefahren. So guckten wir aus dem Auto und meinten: »Dieses Haus könnte einen deutschen Besitzer haben.« Eine alte Mutter saß am Fenster und weinte. Ich ging zu ihr und fragte auf deutsch: »Wissen sie nicht, wo hier heute Andacht sein soll?« Sie schaute mich an und sagte: »Nehmt mich mit, ich zeige es euch. Ich kann soweit nicht gehen.« Im Auto mußte sie sich zwischen uns setzen und erzählen: »Ich hatte so gebetet und geweint: Lieber Herr Jesus, du weißt ja, wie lange Jahre ich an deinem Tisch nicht speisen konnte. Laß mich doch heute an deinem Tisch zu Gast sein! Und seht, da müßt ihr kommen und mich mitnehmen.« Es waren nur etwa 400 m zu fahren. Und als sie ins Haus kam, rief sie laut und erzählte, wie der Herr Jesus ihr Gebet erhört hatte. In Slawajnka hatte noch keiner von den Brüdern ein Auto. Der Abendmahlsgottesdienst war reich gesegnet. Das Dankgebet wollte kein Ende nehmen. Bruder Hoffmann bekam den Auftrag aufzuschreiben, was nötig war, und den Zettel zu Bruder Franz Jener zu bringen. Bruder Franz brachte nach der Versammlung in zwei Fahrten mit seinem Auto die Gehbehinderten und Kranken nach Hause, dann mußten wir bei Bruder Hoffmann zu Nacht essen. Indessen wurde es Mitternacht, bis wir zu Bruder Jener heimfuhren.

Bruder Hoffmann war ein ungelehrter Mann, hatte aber von seinem Vater den Beruf des Vieharztes gelernt. Er erzählte: »Vater nahm mich auf seine Besuche in den Ställen mit und zeigte mir, wie man dem Vieh praktisch hilft. Er schickte mich los, Kräuter zu sammeln, daraus Arznei zu kochen, und, wenn er zu einem leidenden Tier kam, betete er zuerst. Auch das lehrte er mich. Die Kasachen haben alle Vieh, Pferde und Kamele. Der Vieharzt wohnt aber 30 km weit weg. So kommen die Leute mit ihrer Not zum alten Bruder Eduard Hoffmann. Die Kasachen, wie auch alle anderen Einwohner, waren gegenüber Bruder Hoffmann sehr ehrerbietig. Niemand von den Kommunisten hatte ihn wegen seines Gottesdienstes gescholten. Alle wußten auch, wenn er zu dem Tier kommt, um zu helfen, betet er zuerst zu seinem Gott.«

Am nächsten Tag fuhren wir zu dem Dorf mit der Baumwollfabrik zu einem Abendmahlsgottesdienst, dann ging es nach Sary-Agatsch, wo Bruder Woldemar Fuchs Leiter war. Da mußte ich zwei Tage bleiben. Einen Tag brauchten wir für die Krankenbesuche mit Abendmahl und die Gebetsversammlung am Abend. Am nächsten Tag waren Kindertaufen, Konfirmation, Trauung und Abendmahlsgottesdienst. In dieser Stadt wohnten auch Katholiken, die jedesmal auch zum Gottesdienst und Abendmahl kamen und sehr dankbar waren.

Dann ging es weiter zum Abendmahlsgottesdienst im Sowchos Mikajan, von dort in den Rayon Abaja. Bruder Luft war dort der Leiter. Schwester Karoline Seibel unterwies die Konfirmanden. Alle übrige Zeit widmete sie der Jugend, um ihr den Schatz des Wortes Gottes ins Herz zu legen. Deswegen wurde sie auch von den Behörden belästigt, aber sie gab ihre Arbeit nicht auf. Im Frühjahr 1972 besuchte ich die Gemeinde wieder einmal und prüfte die Konfirmanden. Es war eine Freude zuzuhören, welche Kenntnisse vorhanden waren und wie überzeugend sie ihre Glaubensbekenntnisse ablegten. Es wurde Konfirmation und Abendmahlsgottesdienst gefeiert. Da ich noch im Taschkent-Gebiet Gemeinden zu besuchen hatte, fuhr ich bald weiter.

Im März 1973 besuchte ich wieder einmal alle dieses Gemeinden in Tschimkent-Gebiet, in den Rayons Dshetysai und Abaja, seit 1973 auch die Rayons Gagarin und Belye Wody. 1974 bauten die Brüder der Gemeinde in Dshetysai sich ein Bethaus. Seit der Gottesdienst am Sonntag gepflegt wurde, konnten die Häuser nicht genug Plätze bieten. Das Bethaus wurde registriert und hatte für den normalen Sonntag genug Raum, nur an den Feiertagen war es überfüllt. Auch die Gemeinde in Belye Wody kaufte ein Haus und baute es zum Bethaus um. Bruder Franz Jener wurde von mir zum Predigtamt eingesegnet und führte den Dienst bis zum Jahre 1989 durch, dann wanderte er in die frühere Heimat nach Deutschland aus.

Gemeinde in der Stadt Tomsk

Die Gemeinde in der Stadt Tomsk besuchte ich zweimal. Dort leitete Bruder Heinrich Müller die Gemeinde. Schon in den 60er Jahren hielten dort Brüder heimlich Gottesdienste und Gebetsversammlungen. Als die Verfolgung nachließ, wurde es in den Häusern zu eng. Bruder Müller wandte sich an die Obrigkeit und bat um Erlaubnis, ein Bethaus bauen zu dürfen. Das wurde der Gemeinde untergesagt. Der zuständige Beamte für religiöse Angelegenheiten sagte: »Geht zu den Baptisten und betet mit ihnen.« Bruder Müller ging aber immer wieder mit den Brüdern zu den Behörden, bis ihnen erlaubt wurde, am Sonntag im Gebetshaus bei den Baptisten zwei Stunden Gottesdienst zu halten. Oberpastor Kalnins wurde von Bruder Müller eingeladen, die Gemeinde zu besuchen. So kam er nach Tomsk. Am Sonntag hielt er im Bethaus der Baptistengemeinde zur vorgegebenen Zeit einen Abendmahlsgottesdienst nach lutherischer Ordnung. Kreuz und Leuchter wurden aufgestellt und das Heilige Abendmahl gefeiert. Als Oberpastor Kalnins weggefahren war, gab es einen Aufruhr. Am nächsten Sonntag standen die ältesten Brüder der Baptisten auf der Treppe des Bethauses und ließen die Lutheraner nicht mehr hinein, um Gottesdienst zu halten. Sie sagten: »Euer Pastor hat mit seinem Kreuz und Leuchter unser Bethaus entheiligt, wir lassen euch nicht mehr hinein.« An dieser Stelle muß man erklären, daß die Baptisten oft eine sehr streng-calvinistische Auffasung vertreten und deshalb Altäre und Symbole ablehnen. So gingen dann die Brüder wieder zu den Behörden und baten, ein Haus kaufen zu dürfen, da man jetzt wieder obdachlos sei. Da wurde es ihnen erlaubt. Sie kauften ein Haus und bauten es zu einem Bethaus um. Als ich zum zweitenmal Tomsk besuchte, fuhren wir mit Bruder Müller auch in den Tomsker Urwald, wo zwei Gemeinden bestanden. Das waren Deutsche, die schon vor langer Zeit in diese Wälder umgesiedelt worden waren. Bruder Müller besuchte sie oft und kümmert sich um sie.

Bei meinem letzten Besuch in Tomsk war ich auch bei Bruder Jakob Belz in Kemerowo im Gebiet Anshero-Sudschensk. Wir hatten Gebetsversammlung. Die Deutschen arbeiteten dort in den Kohlengruben. Mehr als einmal konnte ich aber Kemerowo nicht besuchen.

Gemeinde im Gebiet Ufa

In Gebiet Ufa besuchte ich in den Jahren 1970 bis 1972 die Stadt Oktjaberskij mit zwei Gemeinden, in denen Bruder Baumgärtner Leiter war, und das Dorf Bilibej, wo Bruder Johann Kuhfeld leitender Bruder war. Jedesmal feierten wir das Heilige Abendmahl, tauften und besuchten Kranke.

Gemeinde im Gebiet Uljanowsk

In der Stadt Uljanowsk betreute die Schwester Erika Jung die Gemeinde. In einem Sowchos, unweit von Uljanowsk, war die Gemeinde von Bruder Friedrich Paul. Schwester Erika Jung wurde vom Vorsitzenden des Rates für religiöse Fragen im Gebiet Uljanowsk öfter vorgeladen. Ihr wurde gesagt, daß sie alle religiöse Tätigkeit aufzugeben habe. Sie aber verlangte statt dessen ein Bethaus. Das wurde ihr kurzerhand verweigert: »Uljanowsk ist eine historische Leninstadt. In dieser atheistischen Stadt soll es keine Bethäuser geben, denn Lenin hat gesagt, Religion sei Opium für das Volk!« Aber Schwester Erika Jung hatte mich heimlich eingeladen. So feierten wir im Leninzentrum Abendmahlsgottesdienst und Taufe, hielten eine Trauung und machten Krankenbesuche. Erika Jung besuchte oft unsere Familie in unserem Haus in Sysran und nahm jedesmal mit der Literatur geistliches Brot aus dem Baltikum mit in ihre Stadt.

1984 siedelte sich in Uljanowsk Bruder Reinhold Dummler an, der die Leitung und Betreuung der Gemeinde im Gebiet Uljanowsk übernahm. Seinen Vater, August Dummler, der im Kasan-Gebiet wohnte, hatte ich bereits an Weihnachten 1981 zum Prediger eingesegnet und mit den Rechten versehen, alle Amtshandlungen im Krasnojarsk-Gebiet und im weiten Sibirien zu verrichten. Später kam auch noch das Kuibyschew-Gebiet dazu, das er zu bedienen hatte, was er auch fleißig tat.

Gemeinde im Tscheleke, Gebiet Samarkant

Im Herbst 1956 bekam ich eine Einladung von Bruder Bierich aus dem Dorf Tscheleke im Gebiet Samarkant, ich möchte doch im Oktober zu einer Brüderberatung kommen. Zu jener Zeit standen wir Deutschen bereits nicht mehr unter der Aufsicht der Kommandantur, so daß ich ohne Furcht die Reise machen konnte. Ich hatte auch gerade zehn Tage frei. In Tscheleke wurde ich mit Freuden empfangen. Mein Gastgeber war Bruder Bierich. Ich war am Sonnabend angekommen und konnte mir noch die alte Stadt Samarkant mit ihren malerischen Mosaik-Häusern ansehen. Am Abend hatten wir eine Gebetsversammlung, in welcher bei allen Anwesenden der Ernst für die Sache des Herrn sehr deutlich spürbar war. Innig wurde gebetet, Gott möge sich erbarmen und die Tür wieder auftun, damit die Frohe Botschaft hinausgetragen werden könne. In der langen Zeit stalinistisch-kommunistischer Unterdrückung der Religion sind viele durch die Lehre des Darwinismus, Marximus und Leninismus irregeführt geworden. Die Kinder wurden in der Schule zum Kommunismus erzogen. In den Familien der Gläubigen war teilweise gottloses Wesen eingezogen. Das war eine Not, die viel Unfrieden brachte. Es waren aber nicht alle gläubigen Brüder von den Henkern ermordet worden. Gott hatte viele durch diese Feuerprobe wunderbar hindurchgebracht. Diese von Gott Bewahrten waren ihm verpflichtet, treu zu bleiben und mit ihren Pfunden zu wuchern. Der große Tyrann Stalin war von Gott gefällt worden. Während dieser Wendezeit konnte uns der Atheismus nichts anhaben. Das mußte genutzt werden. Auch haben sich die Usbeken, Kirgisen, Kasachen und die anderen Moslime mehr an ihren Glauben gehalten, obwohl auch bei ihnen Gläubige verfolgt wurden. In den Gebieten näher an Moskau war die Gefahr der Verfolgung aber immer noch groß.

Der Sonntag war da. Alle Zugereisten und die Hiesigen kamen in Tscheleke unter einem Weintrauben-Dach zusammen, um die vielen Probleme zu beraten. Zuerst wurde ein Gottesdienst nach lutherischer Ordnung gehalten. Dann wurden alle Gäste von den

Das erste Brüdertreffen war 1956 in Tscheleke/Samarkant

Brüdern und Schwestern in Tscheleke mit nach Hause genommen. Da zeigte sich ihre Gastfreundschaft. Was war da nicht alles auf dem Mittagstisch an Früchten und Weintrauben verschiedener Art! Es gab Wassermelonen, Zuckermelonen, Granatäpfel und vieles andere mehr. Nach solch einem üppigen Mittagessen ging es wieder zum Brüderrat unter das Traubendach. Kurzpredigten wurden gehalten, jede etwa 15 Minuten, ganze drei Stunden lang. Und nach dem Abendessen hörten wir wieder zwei Stunden lang Kurzpredigten bis 21 Uhr. Wir gingen zum Nachtlager, aber es gab vor zwei Uhr keinen Schlaf. Am Montag waren alle wieder um neun Uhr da. Viele Probleme sollten gelöst werden. Immer neue Nöte von großer Wichtigkeit wurden aufgedeckt. Alles wurde dem Herrn ans Herz gelegt. Die Gebete der Brüder und Schwestern drangen zum Himmel.

Die meisten hatten damals noch keine Bibeln und Gesangbücher. Es wurde aber beschlossen, solange es im Lande still ist, sollen die Kinder zur Konfirmation vorbereitet werden. Auch viele Erwachsene waren dazugekommen, die noch nicht getauft oder konfirmiert waren. Aber woher die fehlenden Katechismen nehmen? Es blieb nur der Ausweg, die Texte abzuschreiben und so zu verbreiten. Und das wurde mit allem Fleiß getan. So verging der Tag mit Beratungen, Beten und Singen.

Zur Nacht wurde ich in ein Haus zu jungen Eheleuten gebeten, die mit mir sprechen wollten. Es waren über 20 Personen versammelt, alles junge Eheleute, die noch nicht lange zum Glauben gekommen waren. Diese hatten viele Fragen, denn die Sektierer taten auch ihre Arbeit. Sie griffen gleich ein, wenn sie merkten, daß Erweckung war, um sie für sich zu werben. Ein Bruder erzählte: »Vor einer Woche waren zwei Wanderprediger hier, hielten Versammlungen und legten uns schwere Nöte aufs Herz. Sie sagten: Wer ein Auto hat, hat einen Götzen, und wer einen Götzen hat, kann nicht selig werden. Und ich habe ein Auto. Es ist für meine Familie auch sehr nötig. Was soll ich jetzt machen?« Noch manche solcher Fragen hörte ich mir an, und dann sagte ich zum Bruder Rudolf Werner: »Alles, was uns lieber ist als Jesus, ist uns ein Götze. Hast du das verstanden? Ihr habt am Rand eures Dorfes alte Menschen wohnen, die nicht zum Gottesdienst kommen können. Also, halte dein Auto am Sonnabend bereit, und hole die Kranken und Alten zur Versammlung und fahre sie wieder heim. Am Sonntagmorgen hole sie zum Gottesdienst, und bringe sie wieder zurück. Du wirst für deine Wohltaten einen großen Segen bekommen. Ihre Gebete für dich bringen es dir doppelt ein, was du an Zeit und Opfer für sie eingesetzt hast. Kurz gesagt. Sei ein Segen für andere mit dem, womit Gott dich gesegnet hat.« Vieles wurde noch besprochen. Und zuletzt beteten wir noch auf den Knien. Es war ein Danken von Herzensgrund. Mit Freuden verabschiedeten wir uns und gingen erst spät zur Nachtruhe. Bruder Rudolf Werner behielt mich zur Nacht in seinem Haus. Am Morgen des Dienstags gingen wir wieder zur Weinlaube, um Abschied zu nehmen. Wir hielten eine letzte Morgenandacht und sangen dann das Lied: »Gott mit euch bis wir uns wiedersehn!« Der 90jährige Bruder Bierich stand auf der Haustreppe. Alle gingen wir zuletzt zu ihm, um Abschied zu nehmen. Und als es soweit war, hob er seine alten, zitternden Hände hoch und rief laut: »Brüder und Schwestern, zieht hin mit Gottes Segen. Und der Friede Gottes wohne bei euch. Nutzt die Zeit, um Seelen für Jesus zu gewinnen.« Mir kam der alte Bruder vor, wie der alte Evangelist Johannes, der geschrieben hatte: Kindlein, liebet euch untereinander! Nach Samarkant konnte ich später im Jahr 1957 noch einmal kommen, aber diese Zusammenkunft wird mir unvergeßlich bleiben.

Gemeinde in Tschirtschik

Weil die Usbeken in Taschkent an ihrem muslimischen Glauben festhielten, hat man dort die Gottesdienste unserer Deutschen nicht so beachtet. Einige Brüder, die noch in den Lagern am Leben blieben, kamen von der Trudarmee nach Haus. Sie hielten es für ihre Pflicht, Gott für die Bewahrung in der schweren Zeit dankbar zu sein und nun das Evangelium hinauszutragen. In Tschirtschik, der größten Gemeinde, war Bruder Straßer der Leiter, in einer anderen Bruder Mass und in der dritten Bruder Graf. In den Häusern war es heiß und viel zu eng geworden.

Als ich einmal die Gemeinden besuchte, sagte ich, sie sollten sich ein Bethaus kaufen oder bauen. Bruder Graf und Bruder Mass ließen sich nicht dazu bewegen. Aber nach Jahren, als diese schon gestorben waren und Bruder Kessler und andere die Gemeinden leiteten, schlossen sich die Brüder zusammen und kauften ein Haus. Bruder Robert Birkholz opferte alle seine freie Zeit zur Erhaltung des Bethauses. Die Brüder Straßer und Kessler hatten immer viel zu tun, Kranke zu besuchen, Konfirmationen und Beerdigungen zu halten. Alle drei Gemeinden kamen in einem Haus zusammen. Der Platz reichte aus. Ich besuchte sie jährlich zweimal.

Die Gemeinde in Gasalkent leitete Bruder Gustav Hasart, in Angren war es Bruder Aberle und in Satwintrest Bruder Weibert. 1983 besuchte ich die Gemeinde in Taschkent das letzte Mal, weil die Brüder die Arbeit nun selbst tun konnten. Die Arbeit im Weinberg des Herrn wuchs sehr.

Gemeinden im Gebiet Kuibischew

Als wir 1956 nicht mehr von der Kommandantur beaufsichtigt wurden, wurde ich bekannt mit Brüdern und Schwestern in Oktjabrsk, Prawaja Wolga, das war 60 km von Sysran entfernt. Drei

Gruppen wuchsen in den Häusern schnell, 40, 50 oder 60 Seelen waren es bald in jeder Hausgemeinde. Bruder Gottlieb Klung betreute sie mit Abendmahl, Taufe und Gottesdienst. Nach meiner Ordination betreute ich bis 1990 jährlich zweimal diese Gemeinden, die sich ein Bethaus gebaut hatten. Nach dem Tod von Bruder Klung leitete Alexander Berschauer den Gottesdienst.

In der Stadt Toljati war Schwester Helene Seib die Leiterin der Gemeinde. Seit 1977 besuchte ich diese Gemeinde in Taljati jährlich zweimal und hielt Abendmahl, Taufe, Konfirmation, Trauung und Gebetsversammlungen bis 1989.

Am 30. August 1981 besuchte Frau Maria Schott aus Mirnyj, aus dem Gebiet Samara, unsere Gemeinde und bat mich, ihre kleine Gemeinde zu besuchen. Weil ihre Mutter schwer krank war, fuhren wir bald hin. Sie lag im Nebenzimmer und hörte dem Gottesdienst zu. Sie empfing das Heilige Abendmahl und sagte: »Von nun an werde ich am Tisch des Herrn Jesus droben speisen.« Schon am 9. September ging sie heim zu ihrem Heiland. Und zwei Tage später haben wir sie beerdigt. Diese alte Schwester starb mit 90 Jahren und hatte in ihrem Zimmer 18 Jahre lang heimlich Gottesdienste und Gebetsversammlungen in Mirnyj gehalten. Zu siebt sind wir aus unserer Gemeinde zum Begräbnis gefahren. Als der Trauergottesdienst im Haus vollzogen war und der Sarg hinausgetragen wurde, waren auf der Straße sehr viele Menschen versammelt. Sie begleiteten uns bis zum Friedhof. Auch viele Verwandte waren gekommen. Wir sangen während der Beerdigung viele Lieder. Der Bestattungstext war aus Offb. 7,13–17: »Und einer der Ältesten fing an und sprach zu mir: Wer sind diese, die mit den weißen Kleidern angetan sind, und woher sind sie gekommen? Und ich sprach zu ihm: Mein Herr, du weißt es. Und er sprach zu mir: Diese sind's, die gekommen sind aus der großen Trübsal und haben ihre Kleider gewaschen und haben ihre Kleider hell gemacht im Blut des Lammes. Darum sind sie vor dem Thron Gottes und dienen ihm Tag und Nacht in seinem Tempel; und der auf dem Thron sitzt, wird über ihnen wohnen. Sie werden nicht mehr hungern noch dürsten; es wird auch nicht auf ihnen lasten die Sonne oder irgendeine Hitze; denn das Lamm mitten auf dem Thron wird sie weiden und leiten zu den Quellen des lebendigen Wassers, und Gott wird abwischen alle Tänen von ihren Augen.«. Als der Grabhügel aufgeschüttet war, kam eine Gruppe von russischen Frauen und Männern und bat: »Sagt uns doch auch etwas von Jesus in unserer Sprache.« Da sangen wir zuerst in russischer Sprache das Lied: »Wo findet die Seele die Heimat, die Ruh?« Und dann hielt ich in Russisch eine Ansprache über Offb. 14,13. »Und ich hörte eine Stimme vom Himmel zu mir sagen: Schreibe: Selig sind die Toten, die in dem Herrn sterben von nun an. Ja, spricht der Geist, sie sollen ruhen von ihrer Mühsal; denn ihre Werken folgen ihnen nach.« Es wurde ganz still. Alle kamen näher und hörten zu. Kein Schluchzen hörte man. Nach der Ansprache beteten wir auch das Gebet des Herrn in Russisch, aber nur ganz wenige konnten es mitsprechen. Wir sangen noch drei Lieder in Russisch: »Meine Heimat ist dort in der Höh'...«, »Es erglänzt uns von Ferne ein Land...« und zuletzt das Lied:

> *Sie ist nicht mehr, die teure Seele!*
> *Ach! Unsre Mutter ist nicht mehr!*
> *Wir fühlen, was mit ihr uns fehle,*
> *und blicken wehmutsvoll umher.*
> *O Gott! Wie hast du uns betrübet,*
> *du, der uns sonst so herzlich liebt.*
> *Sie stand uns bei in Angst und Schmerzen*
> *und sorgte für uns Tag und Nacht;*
> *sie war mit sanftem Mutterherzen*
> *auf unser wahres Wohl bedacht.*
> *O Gott, du gabst uns viel mit ihr,*
> *und ach! Nun riefst du sie zu dir!*
> *Doch sollen wir sie wiedersehen,*
> *die Gute, die uns Mutter war,*
> *dann bringen wir in deinen Höhen*
> *vereinigt unsern Dank dir dar.*
> *O Gott! Dann rufen wir entzückt:*
> *Du hast uns selbst durch Schmerz beglückt.*

Und weil die Deutschen auch alle die Worte der Lieder verstanden, gab es einen Strom von Tränen. Da sagten die russischen Zuhörer: »Ja, wenn wir Gottes Wort so hören könnten, wären wir auch nicht so gottlos. O, Christus, vergib uns! O, Christus, erbarme dich unser!« Es gab eine Beerdigungsnachfeier, und am Abend hatten wir noch Konfirmationsgottesdienst mit Abendmahl. Johann, der Bruder von Maria Schott, nahm meine Frau und mich mit zur Übernachtung. Da hatten wir noch ein langes Gespräch. Seit der Zeit betreute ich die Gemeinde zweimal jährlich und Maria hält nun wie auch früher ihre Mutter den Gottesdienst in ihrem Haus schon 17 Jahre lang.

Gemeinde in Solnoje

Im Dorfe Solnoje war eine Gruppe evangelisch-lutherischer Gläubiger, welche Schwester Mina Henke leitete. Nur mit gedämpfter Lautstärke hielt sie die Predigtlesung, sprach die Gebete und leitete das Singen in ihrem Zimmer in der Baracke. Seit vielen Jahren bemühte sich Frau Henke, irgendeine Nachricht von ihrem Ehegatten zu bekommen, der 1938 von der GPU abgeholt wurde, aber alle Bemühungen waren vergeblich. Eines Tages kam ein deutscher Mann, der auch für eine lange Zeit ins Komsomolsk Amur verschickt worden war, und brachte die Kunde, daß ein Reinhold Henke auch dort wäre. Da er aber von seiner Familie nichts wußte, wurde er auch nicht freigelassen. Frau Henke schickte ein Telegramm hin mit ihrer Anschrift, und so kam Reinhold Henke wieder zu seiner Familie nach Solnoje. Über 25 Jahre waren unterdessen verflossen. Die Freude war groß. Der Gesundheitszustand des lieben Bruders war schlecht. Die Alten und Kranken kamen gern in die Versammlung. Frau Henke war auch verschleppt gewesen und hatte die Trudarmee hinter sich. Sie reiste an allen christlichen Feiertagen 200 km mit dem Bus zu uns nach Sysran. Seit 1977 machte ich zweimal im Jahr die Reise dorthin und betreute das Gemeindlein in Solnoje und auch etwas weiter in Solnetschnaja Polajna, Toljatie und Mirniyj. 1979 starb Bruder Reinhold Henke. Seine Frau führt die Sonntagslesepredigt weiter durch.

Gemeinde in Sysran

Die Gemeinde in der Stadt Sysran fing seit Weihnachten 1949 an, sich zu sammeln. Erst waren es unsere Mutter, meine vier Schwestern Erne und Lilli aus Ostkasachstan und Olga und Selma in Sysran. Mein Bruder Hugo und ich beteten: »Jesus, du hast unsere Gebete erhört und hast unser Leben erhalten, nun hilf auch, daß wir zusammenkommen!« Und der Herr erhörte. Wir fanden in Sysran alle zusammen. Dann fingen wir 1950 unsere geheimen Lesegottesdienste an. Alle christlichen Feiertage feierten wir, und als wir 1952 eine größere Wohnung bekamen, kauften wir uns Musikinstrumente: Hugo eine Geige, Olga eine Gitarre, Selma eine Mandoline und ich eine Geige, eine Gitarre und ein Fußharmonium. Und zusammen mit den Schwestern Maria und Katja Bauer hatten wir mit Gitarre und Mandoline ein Saitenspielorchester. In Sysran lebten nicht viele Deutsche, dazu splitterten sie sich auch noch in verschiedene Glaubenskonfessionen auf. In dem Haus, wo wir wohnten, waren 16 Wohnungen. Unsere Nachbarn aus verschiedensten Nationen waren mit uns zufrieden. Unsere Lieder und das Saitenspiel störte niemanden. Aber 1967 bekamen wir einen Nachbarn, der keine deutschen Lieder leiden konnte. Er verklagte uns im Stadtamt wegen religiöser Zusammenkünfte, und sofort wurden uns die Zusammenkünfte verboten. Ich ging ins Rathaus zum Zuständigen für religiöse Fragen und bat ihn um Er-

Kleiner Instrumentalchor aus Sysran. Leiter Weigel Joseph stehend, hinten zweiter von links.

laubnis, eine Wohnung zu mieten, um uns offiziell zum Gottesdienst versammeln zu können. Der Mann war nicht dagegen. Wir fanden ein Untergeschoß. Als der neue Hauswirt dem Rathaus die Vermietung bestätigte, konnten wir den Raum einrichten. Der Amtmann war auch nicht dagegen, denn das Haus war weit genug entfernt von staatlichen Einrichtungen wie Theater, Klub, Schule, Krankenhaus oder öffentlichen Geschäften. So sammelten wir Spenden, bauten den Saal unter dem ganzen Haus aus und legten auch den Fußweg an. Aber nach einiger Zeit wurde der Beamte für religiöse Fragen abgewählt. Seine vierjährige Amtszeit war abgelaufen. Der neue Mann wurde alsbald informiert, daß die deutschen Lutheraner sich in einem Haus das Erdgeschoß gemietet hätten und der Betsaal bald fertig sei. Er kam, das Haus zu besichtigen. Daraufhin wurde dem Hauswirt verboten, uns das Erdgeschoß zu vermieten. Die Türen mußten mit Brettern zugenagelt und die Fenster wieder herausgehoben und mit Ziegeln zugemauert werden. Der Hauswirt suchte sich Recht zu verschaffen, aber er fand es nicht. Erst nach einigen Jahren durfte er die Türen und Fenster wieder öffnen, aber nur, wenn er den Saal umbaute und zu Wohnungen machte und vermietete. Der Hauswirt war ein ehrlicher Mann. Er hatte auch schon viel leiden müssen und hatte vier Kinder. Er wollte seine Kuh verkaufen, um uns das Geld zurückzuzahlen. Es hätte ihm die ganze Kuh gekostet. Wir aber wollten ihm dies nicht aufbürden. Er hatte auch noch Enkelkinder, die Milch brauchten. Seine Frau und er waren gläubige orthodoxe Russen. Sie weinten oft bitterlich in großer innerer Unruhe. Der zuständige Funktionär der Stadt sagte, solange er am Ruder sei, gäbe es in Sysran keine Erlaubnis, ein Bethaus einzurichten. Auch die Registrierung unserer Sysraner Gemeinde zog sich bis 1977 hin.

 Wir sind dann in dieser Zeit mit den Gottesdiensten zu den Schwestern Maria und Katja Bauer und abwechselnd zu Selma Schacht ausgewichen. Und weil die Gemeinde nicht groß war, konnten wir auch kein Haus bauen. So begnügten wir uns 39 Jahre lang mit den Wohnungen, bis wir 1990 nach Deutschland auswanderten. Damit waren die Gottesdienste 17 Jahre in unserer Wohnung und 22 Jahre bei Bauers und Selma Schacht. An den Sonntagen, wenn ich auf Reisen war, hielten mein Bruder Hugo und auch meine Schwester Selma die Predigtgottesdienste, jedesmal unter Begleitung des Instrumenten- und Singchores. Nach unserer Ausreise 1990 betreute Bruder Reinhold Dummler aus Uljanowsk die Gemeinde in Sysran mit dem Abendmahl. Und Bruder Josef Weigel hielt zwei Jahre lang sonntäglich den Gottesdienst. Seit 1992 ist auch er in Deutschland. Schwester Frieda Jakobi hält jetzt den Gottesdienst bei sich in der Wohnung.

Gemeinden in Semipalatinsk

In der Stadt Semipalatinsk besuchte ich in den Jahren 1970 bis 1972 die Gemeinden, in denen Bruder Eduard Helfenstein und Bruder Leonhard Wiese leitende Brüder waren. Bis dicht an die Grenze Chinas besuchte ich Gemeinden in den Dörfern.

Gemeinden im Gebiet Omsk

1957 besuchte ich zum erstenmal etliche Gemeinden im Rayon Lujbinskij im Gebiet Omsk. Dort wohnte im Dorf Semilatjenowka meine Tante Alvine geb. Wegner, die Schwester meiner Mutter. Die Dörfer im Omsker Gebiet waren schon vor vielen Jahrzehnten von Deutschen aus Wolhynien besiedelt worden. So wurden Gottesdienste und Gebetsversammlungen schon lange im geheimen gefeiert. Da es aber zu wenig Brüder waren, übernahmen die Schwestern die Arbeit. Es gab im Gebiet Omsk 23 Gemeinden, die nur von Schwestern geleitet wurden. Die Männer waren von der GPU verschleppt worden und nicht mehr zurückgekommen. Die Frauen mußten in den Kolchosen arbeiten, um die Kinder zu ernähren. Der Winter war immer streng und ging von Oktober bis zum April. Mädchen und Jungen mit 13 oder 14 Jahren mußten schon im Sommer in den Kolchosen arbeiten, und im Winter bei den Rindern und Pferden helfen. Über viele Monate herrschte großer Frost, aber die Kleidung war nicht entsprechend warm. Viele Menschen erkrankten, so daß viele starben oder lebenslang krank blieben. In den Häusern versammelten sich die Christen heimlich, um etwas geistliche Nahrung für ihr Inneres zu bekommen, damit die Kraft ausreichte, die schwere Not an Leib und Seele zu ertragen.

In der Stadt Omsk waren drei Gemeinden, die sich ein Bethaus kauften und darin zusammen mit Pastor Nikolaus Schneider ihren Gottesdienst hielten. Er war viele Jahre Propst für das Gebiet Omsk und schließlich der Superintendent für ganz Sibirien und den Fernen Osten. Dreimal besuchte ich Gemeinden im Rayon Lujbinskij. Superintendent Nikolaus Schneider wanderte am 21. August 1996 wegen Herzschwäche nach Deutschland aus. Er ist am 17. September 1996 plötzlich gestorben.

Gemeinde in Zelinograd (Akmolinsk)

1965 besuchte ich auf Anweisung von Pastor Arthur Pfeiffer zum erstenmal Pastor Eugen Bachmann in Zelinograd, heute Akmolinsk. Wir besprachen die Probleme unserer Evangelisch-Lutherischen Kirche, die doch wieder ins Leben gerufen werden sollte, da sich die Gesetze des Landes zum Guten verändert hatten. Ich gab die Überlegungen und Ratschläge von Pastor Pfeiffer weiter.

Jugendchor in der Gemeinde Zelinograd 1990 mit Prediger Rudolf Mann

Nach dem Gottesdienst mit Abendmahl konnte ich mich mit vielen Brüdern und Schwestern, besonders aber mit den Schwestern Elisabeth und Käthe Hanson bekanntmachen. Die beiden haben viel zur Belebung der Kirche in Zelinograd beigetragen. Das zweite Mal besuchte ich Pastor Bachmann im Mai 1966. In vielen Briefen hatten die Gemeinden um Hilfe gebeten. Darüber mußte beraten werden. Außerdem hatte ich von Pastor Pfeiffer eine Luthermedaille an Eugen Bachmann zu überreichen, die ihm der Martin-Luther-Bund in Deutschland gestiftet hatte. Zum drittenmal besuchte ich Zelinograd, als ich im Oktober 1977 die Unterschriften sammelte für den Antrag beim Bevollmächtigten für religiöse Fragen in Moskau. Zu der Zeit bediente Pastor Reinhold Müller die Gemeinde. Auch er unterzeichnete den Antrag.

Gemeinde in Tscheljabinsk

Im Winter 1986 bekam ich einen Brief von Bruder Waldemar Diehl, der mich bat, die Gemeinde in Tscheljabinsk wieder einmal zu besuchen. So ging ich auf die Reise und kam Sonnabend morgens an. Nach einem Frühstück machten wir gleich den ganzen Tag über Krankenbesuche. Abends unterhielten wir uns noch lange mit den Brüdern, bevor ich dann noch meine Vorbereitung für den Sonntag treffen konnte. Es waren zwei Gemeinden mit Abendmahl und Kindertaufe zu bedienen. Eine Witwe lud uns ein, in ihrer Wohnung einen Gottesdienst zu halten, weil in der Stadt Tscheljabinsk kein Bethaus war. Die Wohnung war voller Menschen. Als wir das erste Lied gesungen hatten, klopfte es heftig an der Tür. Die Witwe machte auf. Es kamen drei Polizisten herein und drei Männer vom Rayon Vollzugskomitee. Ein junger Mann kam gleich ins Zimmer gestürzt, wo die Gemeinde versammelt war, und rief laut: »Auseinandergehen! Hier wird kein Gottesdienst gehalten!« Da ging Bruder Diehl zu ihnen ins Vorzimmer. Aber immer wieder schrie der junge Mann: »Auseinandergehen! Auseinandergehen!« Bruder Diehl sagte zu mir: »Sie dringen darauf, daß wir auseinandergehen.« Ich ging ins Vorzimmer. Als mich die Beamten in meinem Talar und mit dem Brustkreuz sahen, gingen sie rückwärts zur Wand. Ich fragte: »Warum verjagen sie die Gläubigen? Haben denn die Deutschen in eurem

Gebiet auch jetzt noch nicht das Recht, Gottesdienst zu halten?« Der junge Mann schrie wieder: »Kein Gottesdienst! Auseinandergehen!« – »Und warum«, fragte ich. Ein Polizeioffizier antwortete: »Weil die Gemeinde im Rayon nicht registriert ist.« – »Ist jemand vom Rayon Vollzugskomitee hier?« wollte ich wissen. Ein kleiner Mann drängte sich nach vorne und sagte: »Ja, ich bin der Vorsitzende des Rayon Vollzugskomitees.« Bruder Diehl stand neben mir und sagte: »Schon sieben Jahre ist es her, daß wir bei ihnen die Listen zur Registrierung eingereicht haben. Und wenn wir zu ihnen kommen, dann sagen sie immer, es hindert euch doch niemand. Wir wissen es, daß ihr euch versammelt. Und heute sind sie gekommen, uns zu verjagen. Sie selbst sind doch schuld, daß wir nicht registriert sind. Wir warten schon sieben Jahre darauf.« Bruder Reinold Schuh fügte noch hinzu: »Vor drei Monaten waren wir das letzte Mal bei ihnen. Da sagten sie, es sei noch keine Erlaubnis da.« Der Polizeioffizier sagte: »Ach so, dann liegt also die Schuld nicht bei den Gläubigen hier. Führt euren Gottesdienst weiter, und wir gehen.« Sie verließen uns, und wir feierten unseren Gottesdienst.

Am Nachmittag waren wir in der zweiten Gemeinde bei Bruder Richard Wendland und besuchten die Gemeinden in Koppejsk. Am Montag gingen die Brüder zum Rayon Vollzugskomitee. Der Vorsitzende war sehr erbost: »Wegen eurem Pastor habe ich große Unannehmlichkeiten bekommen. Ich werde es ihm vergelten. Er hat kein Recht, in unserer Stadt Besuche zu machen. Wo ist er?« – »Wie steht es aber mit unserer Registrierung. Sollen wir wieder sieben Jahre warten?« fragten die Brüder. »Ihr müßt von neuem Listen der Gemeindeglieder einreichen. Bringt sie morgen. Jetzt könnt ihr gehen«, lenkte der Vorsitzende ein.

Nach einer Woche wurde ich zum Rayon Vollzugskomitee bei uns in Sysran bestellt. Der Vorsitzende und ein KGB-Mann fuhren mich grob an, warum ich Besuche machte in Städten, die als »geschlossen« bezeichnet sind. Ich sagte: »Wenn ich eine schriftliche Einladung bekomme und die Möglichkeit habe, so besuche ich die Gemeinde. Das ist meine Pastorenpflicht. Von ›geschlossenen Städten‹ weiß ich nichts.« – »Besuchen sie aber die Stadt Tscheljabinsk nicht mehr«, sagte der KGB-Mann. Ich erzählte, was dort in Tscheljabinsk geschehen war. Dann wurde ich entlassen.

Nach vier Monaten rief mich Bruder Diehl telefonisch an und bat sehr, daß ich dringend zum Sonntag kommen sollte. Ich versprach es ihm, weil ich für die Gemeinde Bibeln in Russisch und Deutsch hatte. Da aber mein Telefon immer abgehört wurde, wußte der KGB von dem Vorhaben. Und als ich abends von meiner Schwester Selma nach Hause ging, wurde ich überfallen. Mit heftigen Schlägen haben sie mich bewußtlos geschlagen und im Schnee liegenlassen. Meinen Koffer mit den Bibeln und auch das Reisegeld haben sie mir abgenommen. Als ich wieder zu mir kam, war ich ganz blutig und hatte etliche Wunden im Gesicht und am Kopf. Es war nahe an einer Fabrik. Ich raffte mich auf, ging bis zur Fabrikwache, wo man auch gleich telefonisch die Miliz rief und den Rettungswagen, der mich ins Krankenhaus brachte. Ich hatte eine schwere Gehirnerschütterung. Nach zwei Wochen Krankenhausaufenthalt kam ich wieder nach Hause. Aber die Polizei suchte nicht nach den Tätern. Nach zwei Monaten bekam ich meinen Koffer mit den Bibeln aus dem Rayon Vollzugskomitee wieder zurück. Er sei hinter dem Zaun im Kindergarten im Schnee gefunden worden. Da war mir alles klar. Weil ich aber niemanden hatte, durch den ich die Bibeln nach Tscheljabinsk schicken konnte, fuhr ich selbst heimlich hin und brachte sie zu den Gemeinden. Die Freude war groß. Ich segnete während des Gottesdienstes Bruder Richard Drews zum leitenden Bruder der Gemeinde ein. Weitere Möglichkeiten hatte ich nicht, die Gemeinde zu besuchen.

Der Okkultismus in Rußland

Auf meinen vielen Reisen zu unseren Lutherischen Gemeinden in Rußland begegnete ich oft Menschen, die das »Besprechen« und »Brauchen« für recht hielten. Stundenlang mußte ich mich oft mit Männern und Frauen unterhalten, die okkulte Dinge und Zauberei trieben, dies aber nicht als Sünde erkennen wollten. In der Bibel, sogar schon im Alten Testament, ist dies von Gott verboten worden. Das zeigen uns viele Stellen im Alten und im Neuen Testament. Wir Christen wissen aus der Bibel, daß es finstere Mächte gibt, die als unreine Geister gegen Gottes Ordnung und Christi Erlösungswerk wirken. Über den Satan sagt Martin Luther im Lied: »Der altböse Feind, mit Ernst er's jetzt meint; groß Macht und viel List sein grausam Rüstung ist, auf Erd ist nicht seinsgleichen.« Jeder Diener und jede Dienerin, die von ganzem Herzen den Dienst des Herrn ausrichten, wird von dieser bösen Macht angegriffen. Oft haben die Boten Gottes einen schweren Kampf zu kämpfen. Wenn aber in einem Land die Regierenden ungläubige Leute sind und die Kirche Christi verbieten und mit aller Macht die Gläubigen unterdrücken und physisch und psychisch vernichten wollen, dann ist Satan am Werk. Gott aber erhält die Seinen wunderbar. Wenn die Kirchen geschlossen werden und die Gläubigen sich heimlich versammeln müssen, dann stärkt der Herr Jesus auch die schwachen Brüder und Schwestern. Sie sollen trotzdem die Überbringer der Frohen Botschaft sein und über die reine Lehre Christi wachen. Im Lied heißt es: »Wenn dir, o mein Bruder, der Weg scheint zu lang, so singe mit Freuden dem Herrn. Dem Teufel gefällt nicht der Gläubgen Gesang, doch Jesus, der hört ihn so gern.«

Um aber Christen zu versuchen und vom Glauben abzubringen, hat der Teufel verschiedene Methoden. Dazu gehört auch die Zauberei. Menschen, die von ihm besessen wurden, müssen ihm Dienst tun. Dazu begabt er sie mit Kräften, verschiedenartige und große Taten zu tun, z.B. okkulte Krankenheilungen, Wahrsagerei, Kartenlegen, Handlinienlesen, Warzen besprechen und vieles andere mehr. Das Ziel aber ist immer, vorzutäuschen, er sei der Machthaber über allem auf Erden. Jesus aber sagt: »Mir ist gegeben alle Gewalt im Himmel und auf Erden!« Daran soll sich unser Glaube festhalten. Nur mit List kommt Satan durch seine Diener oder Dienerinnen an die Gläubigen heran. »Du hast da eine große Warze am Auge. Die hindert dich doch. Die kann man jetzt leicht wegmachen. Wenn du willst, mach ich es schnell. Sie fällt dann von alleine ab.« Wenn man darauf einwilligt, tut der Teufel das Seine und die Warze verschwindet. Das ist aber erst der Anfang. Nach einiger Zeit versucht es der Teufel wieder mit einer anderen Methode. Und so kommt der Christ immer mehr in den Bann des Teufels. Der Glaube an Christus und seine Hilfe gerät dadurch ganz in Vergessenheit. Gottes Geist ist betrübt. Die enge Verbindung mit Christus, dem Heiland, und die Freude zum Gebet erkalten. Es stellen sich aber immer mehr andere Leiden ein. Der fremde böse Geist treibt immer wieder zu dem Wahrsager oder zur Braucherin hin, so daß die betrogene Seele keine Lust mehr hat, zur Gemeinschaft der Kinder Gottes zu gehen. Und wenn es der vom Satan gefangenen Seele nicht zu Herzen geht und sie ihr gottloses Tun weiter treibt, so werden nicht nur die einfachen Christen durch Unachtsamkeit belastet, sondern auch die Diener der Gemeinde und ihre Vorsteher.

Bruder August Dummler erzählte mir: »Du warst doch auch einmal in der Gemeinde in der Stadt Krasnojarsk und kennst den Gemeindeleiter. Er hat mir einmal angeboten, meinen dunklen Flecken, den ich hier im Gesicht habe, wegzumachen, denn es könne etwas Böses daraus werden. Ich antwortete ihm, dazu seien die Ärzte da. Er aber entgegnete mir: Ich aber kann es ohne Operationsinstrumente machen. Es kam zu einem ernsten Gesprächen zwischen uns. Also, sagte ich, dann ist Jesus nicht mehr der Heiland in eurer Gemeinde, sondern du selbst?« Aber so schnell ergeben sich solche verirrte Menschen nicht. Das Schrecklichste daran ist, daß sie immer wieder die Möglichkeit haben, Seelen an sich zu ziehen, zunehmend mehr, denn sie sagen, sie würden das mit Gottes Kraft und Wort bewirken. Bruder Dummler willigte nicht ein, aber die Ärzte konnten den Fleck wegoperieren.

Gemeinde im Gebiet Tujmen

In Sawodoukowsk im Tujmen-Gebiet besuchte ich oft drei Gemeinden. Bruder Friedrich Meier und seine Frau nahmen mich jedesmal aufs freundlichste auf, und wir waren recht glücklich beisammen. Vieles war zu besprechen und die Kranken zu besuchen. Abends kamen noch die Brüder und Schwestern zu Gesprächen und zum Gesang. Einmal erschien ein Mann, den ich nicht kannte. Bruder Meier sagte, daß unsere Unterhaltung jetzt einen wichtigen Sinn bekomme. Und er stellte mir die Frage: »Wie halten sie es als Pastor mit der Wahrsagerei? Darf man Krankheiten besprechen? Was ist das ›Brauchen‹? Ist das Sünde?« Der fremde Mann behauptete gleich laut: »Das ist keine Sünde. Das ist Hilfe für Kranke in Gottes Namen.« Bruder Meier aber sagte: »Ich habe die Fragen an unseren Pastor gestellt und warte auf seine Antwort.« Der Mann wurde ganz nervös und fing an, etwas zu murmeln. Alle anderen saßen gespannt da. Ich verstand, um was es hier ging. Ich betete in mir, der Herr Jesus wisse es, mit wem wir es hier zu tun haben. Er möge mir Geduld schenken und die Antwort in den Mund legen. Ich schlug vor, zunächst das Lied zu singen »Sei wachsam, stärke dich mit stillem Flehen«. Danach fragte ich, von wem wohl hier die Rede sei. »Na ja,« sagte Bruder Meier, »der Herr Jesus sagt: ›Was ich euch sage, das sage ich allen, wachet!‹ Und im Petrus-Brief heißt es: ›Der Teufel geht umher wie ein brüllender Löwe und sucht, welchen er verschlinge‹.« – »Ja, lieber Bruder Friedrich, die Fragen, die sie stellten, sind nicht mit drei Worten zu beantworten. Aber weil wir jetzt im Zimmer viele Christen sind, will ich es versuchen. Das Lied, das wir gesungen haben, war eines von den Lieblingsliedern meines Vaters. Oft wurde es zur Morgenandacht gesungen. Vater sagte, dieses Lied müßte jeder Christ auswendig können. Sei wachsam! – Im Alten Testament lesen wir, daß der König Saul die Wahrsager und Zauberer ausrotten sollte. So war es ihm von Gott befohlen. Denn wer solche bösen Sachen treibt, der ist für Gott ein Greuel. Also ist es Sünde. Durch diese Sünde führt solch ein Mensch auch Gläubige von Gott weg. Sie haben bald kein Vertrauen mehr zu Jesus, ihrem Heiland, zu dem, der vor zweitausend Jahren geheilt hat und der auch heute noch den heilen kann, der im Glauben zu ihm betet. Es sagen oft Menschen zu mir: Warum tut denn Gott heute keine Wunder und Zeichen mehr? Dann muß ich ihnen antworten: Gott ist derselbe heute! Er hat gesagt: ›Bittet, so wird euch gegeben, suchet, so werdet ihr finden, klopfet an, so wird euch aufgetan‹. Also: Wer bittet und nicht glaubt, der bekommt auch nichts. Es hängt also ganz von unserem Glauben ab. Aber immer, wenn wir um etwas bitten, sollen wir mit einschließen: Dein Wille geschehe. Es heißt ja auch: ›Wen der Herr lieb hat, den züchtigt er!‹ Sind wir an irgend etwas erkrankt, so müssen wir als Christen uns zu Jesus wenden, ihm unsere Not klagen und sprechen: ›Herr, du läßt es zu, daß ich Schmerzen leiden muß. Das tust du auch aus Liebe zu mir. Hilf mir, meine Sünde zu erkennen, damit ich Buße tue und du deine Heimsuchung von mir nehmen kannst‹. Und der Herr Jesus erhört uns und kann auch wieder Gesundheit schenken. Das habe ich selbst erlebt, nicht nur einmal. Und viele, viele Christen haben es mir so bezeugt in vielen Gemeinden und Häusern. Trennen wir uns aber nicht von unserer Sünde und bekennen sie nicht vor Jesus, so bleibt unsere Sünde unerkannt und kommt nicht ans Licht. Weil aber der Herr Jesus nicht will, daß wir verlorengehen, darum züchtigt er uns und weckt uns auf.«

Dazu noch ein erlebtes Beispiel. Ich besuchte zwei- bis dreimal jährlich unsere Gemeinden im Koktschetawer Gebiet. Dabei kam ich wieder einmal zu Bruder Reinhold Henke in die Gemeinde im Dorf Tschernigowka. Der Abendmahlsgottesdienst mußte abends stattfinden. Solange machten wir am Nachmittag Krankenbesuche. Die Letzte, die wir besuchten, war eine Schwester, bei der ich immer gern war, denn sie und ihr Mann waren musikalisch. Er spielte auf der Geige, sie auf der Gitarre. Auf einer zweiten Gitarre konnte ich mitspielen. Aber an diesem Tag war sie nicht zu Haus. Der Ehegatte aber wollte nicht so recht herausrücken, wohin seine Frau gefahren war. »Sie wird gleich kommen.« – »Na, wo ist sie denn?« Er sagte es meiner Begleiterin so halblaut, aber sie verstand. »Was?« sagt sie, »zu der alten Russin zum Besprechen?« Aber da kam sie auch schon. Die Schwestern sagten zu ihr: »Was, du gehst zur Besprecherin?« Ich war sehr erschrocken und ließ es mir noch mal erklären. »Was hat denn die alte Frau an Ihren Füßen gemacht?« – »Sie hat an den Füßen auf- und abgestrichen und etwas gesagt, das konnte ich aber nicht verstehen. Nach einem Monat soll ich wiederkommen. Aber zu den Ärzten darf ich nicht gehen, sonst wird's schlimmer.« Alles war still. Mir schlug das Herz schneller vor Wehmut. Ich fragte sie ganz vorsichtig: »Euch ist die Bibel doch erhalten geblieben? Auch waren die Eltern beiderseits Christen? Haben Sie denn von ihnen nicht gehört und in der Bibel gelesen, daß Besprechen Zaubereisünde ist? Es ist dem Herrn ein Greuel, sagt uns die Bibel.« Da fing sie an zu weinen und sagte: »Bin ich jetzt wohl die Allerschlechteste, daß ich so viel Schmerzen aushalten muß?« Ich entgegnete: »Haben sie auch schon den Herrn Jesus gefragt, warum Sie so sehr leiden müssen? Er antwortet doch, wenn wir ihn fragen. Wir müssen in die Bibel schauen, um zu sehen, ob wir nicht Unrecht tun. Ja, wenn wir unzufrieden sind mit Gottes Züchtigung, dann läßt Gott das Leiden oft lange währen. Wie oft waren Sie schon bei der Alten?« – »Zwölfmal,« sagte sie. Wir waren alle betrübt und ich sagte: »Heute Abend wollen wir doch das Abendmahl feiern. Sie können es aber nicht unwürdig nehmen. Kommen Sie und tun Sie öffentlich Buße. Der Herr Jesus wird ihnen vergeben. Und Sie werden Frieden mit Gott finden. Dann können Sie das Heilige Mahl würdig empfangen. Und es wird besser werden mit Ihnen.« Die Zeit war da, daß wir gehen mußten. Wir beteten noch, sie aber hat nicht gebetet. Und Satan ließ auch nicht zu, daß sie zum Gottesdienst ging, ihr Ehegatte aber kam. In der Predigt sprach ich ernst über die okkulten Dinge, denn es gingen auch andere Menschen zu dieser Alten. Im Beichtgebet war es zu vernehmen. Nach dem Gottesdienst gab es noch viele Fragen. Dem Bösem hat es aber nicht gefallen, daß die Christen Buße taten. So nahm er sich wohl vor, sich an mir zu rächen. Ich blieb zur Nacht in dem Haus, wo wir den Gottesdienst hatten. Als alle weggegangen waren, mußte ich über den Hof gehen. Als ich aus dem Aborthäuschen kam, stürzte plötzlich der große Kettenhund auf mich los. Seine Augen funkelten, und seinen Rachen sperrte er weit auf. Ich hatte gerade noch Zeit, mich aufrecht hinzustellen. Und als er nahe genug war, stieß ich mit dem rechten Fuß zu und traf ihn unter den Kiefer, so daß er rücklings auf seinen Rücken stürzte. Ich lief schnell zur Tür, öffnete und sprang hinein. Der Hund kam auch noch mit dem Kopf durch die Türöffnung, aber ich konnte ihn einklemmen. Da jaulte er laut auf. Der Hauswirt kam aus der Stube, um zu sehen, was los war. Ich sagte: »Der Hund ist los.« – »Wie?« Er hatte inzwischen schon seinen Kopf aus der Türe gezogen. Der Hauswirt ging hinaus und erschoß mit seiner Flinte den tobenden Hund. Als er hereinkam, sagte er: »Es ist ein Wunder, daß Sie unverletzt entkommen sind. Aber noch mehr wundert es mich, wie er sein Halsband vom Kopf hat abstreifen können und wie seine Augen funkelten. Da hab' ich mich sogar selbst vor ihm gefürchtet. Ich bin sehr froh, daß Ihnen nichts passiert ist.« Wir sehen, der Böse ist rachgierig. Aber Jesus, dem alle Macht gegeben ist im Himmel und auf Erden, der wacht über seine Diener und Dienerinnen groß und klein. Es kann kein Haar von ihrem Haupt fallen ohne seinen Willen.

Jesus hat zu uns allen gesagt: Wachet! Ich antwortete auf die Frage, die er mir gestellt hatte: »Hör zu, Bruder Meier, sage es der Gemeinde: Christen können nicht zu Wunderheilern und Wahrsagern gehen, wenn sie nicht in den Bann des Bösen geraten wollen. Wer es tut, wird friedlos und hat kein Vertrauen mehr zum Heiland, der in allen Fällen helfen kann. Die aber solche Zauberei tun, sollen nicht vergessen, daß ihnen das Wort Gottes aus dem Zweiten Gebot entgegensteht: ›Wer den Namen des Herrn unnützlich führt, wird nicht ungestraft bleiben.‹ Es wird zwar oft behauptet: Ich brauche es ja zum Nutzen oder zur Heilung. Solchen möchte ich ernstlich sagen, die Heilung ist Aufgabe der Ärzte, für welche wir zu beten haben. Und wir Christen gehen zudem noch zum Arzt aller Ärzte, zu Jesus. Die Strafe Gottes aber wird die Zauberer treffen.«

Nach dieser Antwort gab es mit dem fremden Mann, der erstmals gekommen war, noch eine lange Unterredung. Er strengte sich sehr an, seine Heilungen zu verteidigen. Alle seine Argumente aber widersprachen der biblischen Lehre. So ging er schließlich zornig und ohne Abschied zu nehmen und ohne Gebet davon. Er selbst hatte eine Gruppe von gläubigen Christen um sich geschart, denen er die Predigt aus dem Predigtbuch las. Es waren Leute, die auch an Jesus Christus glaubten, aber sich nicht voll und ganz Jesus anvertrauten, sondern sich von den Besprechern heilen lassen wollten. Ja, der vermeintliche Glaube an Jesus kann auch ein irregeleiteter sein. In der Bibel heißt es: Die Teufel »glauben« auch, aber sie zittern vor dem Gericht. Richtig an Jesus glauben heißt: »Gib mir, mein Sohn, meine Tochter, dein Herz und laß deinen Augen meine Wege wohlgefallen.«

Der gute Fefler

Ostern 1958 besuchte ich mit meiner Frau und zwei Kindern meine Verwandten im Gebiet Kustanaj im Rayon Komsomoletz. Meine Frau hatte sich den linken Fuß in Komsomoletz verstaucht und litt große Schmerzen. Das Röntgenbild zeigte aber keinen Bruch, es war nur eine Schwellung. Das Bethaus in der alten Baracke Stalinka war mit Zuhörern voll besetzt. Der Chor, welchen Bruder Federau führte, sang die schönen Osterlieder. Wir waren schon am Gründonnerstag und Karfreitag dort und feierten die Gottesdienste mit. Aus den umliegenden Dörfern kamen viele Gäste, so daß wir auch das Heilige Abendmahl zweimal feiern mußten. Bruder Friedrich Fefler begrüßte uns sehr froh an der Bahnstation Togusak und sagte mir gleich, daß für den Nachmittag ein Gottesdienst mit Konfirmation und Abendmahl angesetzt sei. Um 14 Uhr kamen schon die ersten Besucher. Aus einem Nebendorf brachte ein

Lastauto viele Christen herbei. Aus einem anderem Dorf kam ein Traktor mit einem Anhänger, auf dem viele Christen saßen. Bald waren die beiden Zimmer besetzt. Bruder Fefler sagte mir, daß die Chauffeure draußen im Hof sitzen würden und nicht hereinkommen wollten, weil sie in Arbeitskleidung wären. Ich ging zu ihnen und bat sie zu kommen, so wie sie waren. Ganz vorne waren noch Plätze. Wegen ihres Benzingeruchs protestierte niemand, denn es waren ja alle Bauersleute. Einer der Chauffeure wurde konfirmiert. Er dankte Gott so sehr, daß er nun auch als mündiger Christ zum Heiligen Abendmahl gehen konnte. Nach diesem segensreichen Gottesdienst fuhren die Leute aus den Dörfern wieder heim, während noch acht Gemeindeglieder bei Bruder Fefler zum Abendessen blieben.

Feflers Schwiegersohn ging, um für uns Fahrkarten zu kaufen. Als er wiederkam, waren die Tische gedeckt, und alle hatten schon daran Platz genommen. Er legte uns die Fahrkarten hin und sagte: »Wir wollten so gern, daß ihr bis Sonntag bleibt, aber jetzt müßt

Friedrich Fefler mit Familie

ihr schon um zwei Uhr nachts zum Zug gehen.« Nach dem Tischgebet ließen wir es uns gut schmecken. Bruder Fefler hatte zwei Kühe. So hatte man uns zum Abendessen vom selbstgemachten Schweizerkäse hingestellt. Er hatte noch in Wolhynien bei seinem Vater gelernt, wie man Schweizerkäse macht. Er trat von hinten zu mir und sagte: »Dieses Stück Käse mußt du noch aufessen.« Ich nahm es aus seiner Hand und bedankte mich und bat ihn, sich neben mich zu setzen und mitzuessen. Er aber lehnte ab: »Ich will heute gern dienen.«

Als wir gegessen und das Dankgebet gesprochen hatten, räumten die Schwestern den Tisch ab. Meine Lydia drängte, daß wir uns zur Reise fertigmachen sollten. Ich mußte noch ins Zimmer gehen, wo die Bänke standen, da saß Bruder Fefler und weinte. Ich fragte ihn, warum er weine. »Ach, wir wollten euch doch so gern bis Sonntag hier haben, und ihr fahrt nun doch fort.« Ich erwiderte: »Meine Lydia hat doch so Schmerzen am Fuß und die Schwellung geht auch nicht zurück, da müssen wir doch heute schon abreisen.« Einige der Tischgäste mußten nach Haus. So versammelten wir uns zum Dankgebet und sangen zum Abschied das Lied »Führe du uns, o Jehova, pilgernd durch der Wüste Sand. Wir sind schwach, doch du bist mächtig, trage uns mit starker Hand«. Dann knieten wir nieder zum Gebet. Bruder Fefler betete als erster. Er kniete neben mir und dankte für den Segen und für die brüderliche Gemeinschaft. Er betete für unsere Reise, für alle seine Kinder und für seine Frau. Plötzlich wurde seine Stimme immer leiser und ich merkte, daß er sich immer weiter nach vorne beugte und anfing nach unten zu sinken. Sein Schwiegersohn und ich packten ihn unter den Armen. Aber wir konnten ihn nur noch tot aufs Bett legen. Seine Frau fing an zu schreien: »Friedrich! Friedrich!« Die Tochter aber beruhigte sie: »Mutter, nicht schreien. Als Vater im vorigen Jahre so sterbenskrank war, beteten wir zum Herrn Jesus, er solle ihm noch drei Tage schenken, bis wir zu Hause wären. Und der Herr erhörte uns. Und heute sind es gerade ein Jahr und drei Tage. Das ist ein ganzes Jahr länger, als wir gebeten hatten. Wir wollen zufrieden sein.« Die Mutter ließ sich beruhigen und wollte, daß man den ältesten Sohn rief, der nicht weit weg wohnte. Als der kam, gab es erst recht ein Geschrei: »Vater, lieber Vater, verzeih mir, lieber Vater. Du hast mich heute so gebeten, komm doch auch zum Gottesdienst, und ich habe es nicht getan.

Verzeihe, verzeihe, verzeihe, Vater!« Er warf sich auf seinen Vater und küßte ihn und wollte sich nicht beruhigen lassen. Der Schwiegersohn bat mich: »Bitte, bleiben sie hier und beerdigen sie unseren Vater.«

Die Bestattung sollte erst am Sonntag stattfinden, weil viele Verwandte in entfernten Gebieten wohnten. Bruder Neumann nahm uns zu sich ins Haus. Der Sonntag kam. Schon am Morgen reisten viele Russen an, um sich von dem guten Bruder Fefler zu verabschieden. Aus dem Dorf Komsomoletz sang der Chor. Und weil gerade das russische Osterfest war, nahmen sehr viele Leute an der Beerdigung teil. Der Sarg wurde auf dem Hof aufgestellt. Es eilten aber so viele Menschen herzu, daß sie auf der Straße stehen mußten. Der Trauergottesdienst wurde im Hof abgehalten. In Deutsch und Russisch sang der Chor einige Lieder. Das Frühjahrswasser der Schneeschmelze hatte die kleine Brücke weggerissen, so daß jetzt ein Umweg von 7 km zum Friedhof zu machen war. Feflers Schwiegersohn ging zur Bahnstation, um dort zu bitten, den Sarg über die Eisenbahnbrücke tragen zu dürfen. Von dort war es noch 1 km bis zum Friedhof. Der verantwortliche Eisenbahner sagte: »Wenn ihr ihn uns zum Tragen gebt, dann können auch alle Trauergäste über die Brücke mitkommen und nachher wieder zurück.« Also nahmen wir den Sarg und trugen ihn zur Bahnstation. Ein junger Offizier fotografierte viel. Dann kamen die Eisenbahnbeamten und nahmen den Sarg und trugen ihn. Nach der Brücke lag viel Schnee, so daß sich die Träger bis zum Friedhof oft abwechseln mußten. Wieder sang der Sängerchor in Russisch und Deutsch Beerdigungslieder. Ich hielt die Ansprache in Russisch und die Brüder Neumann und Dyck in deutscher Sprache. Alles dauerte eine Stunde. Der Erdhügel war ganz mit Kränzen belegt. Der Offizier fotografierte immer noch. Dann ging es wieder über die Eisenbahnbrücke zurück zu Feflers Hof. Bruder Klad, der Schwiegersohn, lud uns zum Essen ein, erst die Leute aus den Dörfern, dann die anderen. Der Chor sang Lieder. Die Menschen unterhielten sich sehr leise. Dann war die zweite Runde an der Reihe. Das Tischgebet wurde in Russisch gesprochen. Mir gegenüber saß ein alter Mann, klein von Wuchs, ein Ukrainer. Als der Chor wieder ein Lied in Russisch gesungen hatte, sagte dieser Mann in ukrainischer Sprache: »Wenn ich wüßte, daß man mich so beerdigen würde, wie den guten Fefler, so wollte ich heute gern noch sterben.« Ich sagte zu ihm laut, denn er war schwerhörig: »Warum sagten sie denn ›guter Fefler‹?« – »Ei, weil er gut war. Er hatte allen geholfen. Vor einem Monat, im März, kamen drei Männer mit dem Traktor mit Anhänger gefahren und wollten zur Mühle. Aber weil der Schnee weich war, versank der Traktor. So schaufelten die Männer die halbe Nacht. Sie standen mit ihren Beinen im Nassen und der Nachtfrost ließ die Hosen steif werden. So ließen sie das Getreide da samt dem Traktor und suchten, irgendwo zu übernachten. Aber unsere Kuluguren lassen niemanden zur Nacht zu sich ins Haus. Auch geben sie niemandem aus ihrem eigenen Becher zu trinken. Sie sagten zu den Bittenden, sie sollten doch in Richtung Eisenbahnstation gehen, dort wohne der gute Fefler, der nähme Tag und Nacht alle auf. Sie gingen und klopften noch an einigen Häusern unterwegs an, aber niemand öffnete die Tür, sondern alle verwiesen auf Feflers. Als sie bei ihm angekommen waren, klopften sie ans Fenster. Fefler stieg aus dem Bett und öffnete die Tür. Da standen die Männer in den gefrorenen Hosen. Frau Fefler hatte gerade an diesem Abend das Brot aus dem Backofen genommen. Die Backöfen standen ja immer in der Küche. Schnell mußten sich die Fremdlinge auskleiden und auf den warmen Ofen kriechen. Frau Fefler stellte den Samowar an und kochte Wasser und brühte Kamillentee auf. Währenddessen packte Friedrich die nassen Kleider alle in den noch warmen Backofen. Friedrich brachte Brot und Speck, und so mußten die fremden Männer auf dem Ofen essen und heißen Tee trinken, recht gut durchschwitzen und sich schlafen legen. Am Morgen, bis Friedrich die trockenen Kleider alle aus dem Ofen gezogen hatte, tischte seine Frau schon wieder Tee und Frühstück auf. Die Fremdlinge mußten sich erst stärken und dann durften sie aus dem Haus gehen. Der gute Fefler verlangte nichts für alle seine Hilfe, nur ›'s Wiederkommen‹. Die Leute bedankten sich von Herzen und gingen. Und darum wird er hier ›der gute Fefler‹ genannt. Er hat hier in der Verbannung vielen, vielen geholfen. Ich bin hier geboren. Ich wurde im Februar 112 Jahre alt. Aber von solchen guten Menschen habe ich nie zuvor gehört. Hier war nie eine Kirche, und wir haben nie etwas von Jesus gehört, erst als die Deutschen hierher geschickt wurden.« So erzählte der alte Ukrainer.

Der Armeeoffizier, der ständig fotografierte, war zu seinem Onkel zu Besuch gekommen und hörte jetzt, wie sich viele mit dem orthodoxen Ostergruß in seiner russischen Sprache begrüßten: »Christos woskres«. Die Ansprache im Hof der Gemeinde, der Bibeltext von Christi Auferstehung und von der Auferstehung aller Menschen am Jüngsten Tag, das war für alle Russen eine richtige Missionsbotschaft. Aber auch die schläfrigen Christen wurden durch Wort und Lied erweckt und innerlich erbaut. Für viele, die es zum erstenmal hörten, war es ein Ruf zur Umkehr zu Gott. In dieser Nacht noch fuhren wir mit unseren Kindern nach Hause. Erneute Röntgenaufnahmen zeigten, daß der Fuß meiner Frau doch gebrochen war. Er mußte noch zwei Wochen in Gips.

Das Lenchen aus Leningrad

1965 wohnten wir in der Stadt Sysran und hatten schon sieben Kinder. Die Älteren halfen schon fleißig mit. Die Buben holten Gras für die Kaninchen und machten Heu für den Winter. Vor Abend wurden die großen Hasen aus den Käfigen in den Hof gelassen. Alle Kinder standen dann im Hof Wache, daß keiner davonlief. Das war jedesmal eine Freude. Die ins Freie gelassenen Kaninchen sprangen vor Freude und zappelten mit den Beinen, so daß auch erwachsene Leute stehenblieben und sich der lustigen und verschiedenfarbigen Tierchen freuten. Einmal schaute ich durchs Fenster und bemerkte, daß bei den Zuschauern eine ältere Frau stand und sich mit dem Taschentuch die Tränen trocknete. Ich hatte den Eindruck, daß ich schnell hinuntergehen müßte, denn wir wohnten auf der zweiten Etage, und die alte Dame fragen sollte, warum sie so weint. Im Hof war ein lautes Lachen. Die Hasen schlugen sogar Purzelbäume. Ich stellte mich neben die ältere Faru und schaute zu, wie sie immer wieder die Augen trocknete. »Warum weinen und lachen sie?« – »Ach,« sagte sie, »ich freue mich über die Tierlein und über die Kinder hier. Und sehen sie, dieses Mädchen da greift immer den Hasen nach dem Schwanz und kann so herzlich lachen. Aber sie hat schon seit einundeinhalb Jahren nicht mehr gelacht. Das ist mein Enkelkind Lenchen. Sie ist sehr krank und war in drei Hauptkliniken in Leningrad, in Moskau und in Kiew. Aber helfen konnten die Ärzte nicht. Sehen sie, das Kind hat ein langes Kleid an, damit niemand sieht, wie verunstaltet das Kind an den Beinen und am ganzen

Körper ist. Schauen sie mal.« Sie ging und hob Lenchen das Kleid etwas hoch. O Schreck! Am ganzen Leib, außer an den Händen und im Gesicht hatte Lenchen dunkle Flecken. Die Flecken hatten Risse, aus denen rosarote Flüssigkeit floß. Ich fragte die Dame, woher das käme. Und sie erzählte mir: »Die Mutter hat das Kind mit Regenwasser gewaschen. Zu der Zeit wurde aber durch Radio und Presse bekanntgemacht, daß niemand Regenwasser gebrauchen solle zum Waschen von Wäsche und zum Baden des Körpers, weil Atomexperimente gemacht wurden und nun die Wolken verschmutzt seien. Das Kind ist dadurch erkrankt und hat jetzt statt 220 000 Thrombozyten nur noch 6.000 im Blut. Lenchen ist sehr nervös und hat keinen Appetit mehr zum Essen. Die Ärzte in Leningrad meinten, das Kind solle sich von der vielen Arznei erholen. So bin ich mit ihr zu meiner Schwester hierher gekommen. Heute sind wir den ersten Tag hier und nun habe ich solche Freude, daß das Lenchen nach langer Zeit wieder lacht und springt«. Bald darauf kam mit großem Meckern die Ziegenherde an. Schnell mußten die Kaninchen in ihre Ställe. Unsere drei Ziegen waren auch dabei. Schon kam meine Frau mit dem Eimerchen und Stühlchen, um die Ziegen zu melken. Ich rief sie zu mir und stellte ihr die Frau und das Lenchen vor. Das Kind stand neben uns und trauerte, weil die Hasen alle wieder im Stall waren. Ich hob ihr langes Kleid hoch und zeigte meiner Frau die Blutflecken. Auch die Brust schauten wir an. Ich fragte meine Frau, was sie dazu sage. »Im Deutschen Doktorbuch steht, daß Ziegenmilch helfen würde«, sagte sie. Die Zusammensetzung einer Arznei war darin beschrieben. Dieses Buch hatte Lydia einmal von Frau Redel als Geburtstagsgeschenk erhalten und es enthielt viele Farbbilder. Auf einem von ihnen war ein Junge von etwa sieben Jahren abgebildet mit solchen Flecken, wie sie Lenchen hatte. Als Ursache wurden Sonnenstrahlen beschrieben, die sich durch erhöhten Ozongehalt schädlich auswirken. Die Heilung sei durch Ziegenmilch günstig zu beeinflussen. Dreimal täglich sollten 250 g vor dem Essen getrunken werden. Wir schauten uns an und verstanden: Hier erkennen wir Gottes Führung! Meine Frau ging melken, und ich fragte die Dame, ob das Kind gerne Milch trinke. »Sie trinkt keine Mich«, sagte sie verzweifelt. Als Lydia aus dem Stall kam, sagte ich zu ihr auf deutsch: »Lenchen trinkt keine Milch.« Da rief sie unseren Peter, der so alt wie Lenchen war. »Peter, da stehen zwei Gläser Milch. Geh jetzt und rufe das Lenchen her, und dann sprich zu ihr: Du und ich, wir wollen jetzt jeder ein Glas Milch trinken, dann gehen wir wieder zu den Kaninchen. Wenn sie nicht trinken will, dann erkläre ihr: Du darfst dann auch nicht mit unseren Kaninchen spielen.« Schnell waren die beiden wieder da. Als Peter das Lenchen zum Trinken nötigte, schrie sie laut auf: »Ich trinke keine Milch!« und stampfte mit den Füßen auf den Boden. Peter redete auf sie ein: »Wenn du das Glas Milch nicht austrinkst, darfst du auch nicht mit unseren Hasen spielen und kannst vom Hof gehen.« Er nahm das Glas mit Milch und trank es schnell aus. Da griff sie auch zu und trank in einem Zug das Glas leer. Dann ging sie die Treppe hinunter gleich zur Oma und sagte: »Oma, ich habe ein Glas Milch getrunken!« Und schon war sie fort zu dem Kaninchenkäfig. Lydia brachte der Frau eine Flasche Milch als Arznei für ihr Enkelkind. Lenchen rief die Oma zu sich. Und Lydia fragte Lenchen, ob ihr die schönen Häschen gefallen würden. »Ja!«, war die Antwort. »Und jetzt hör aufmerksam zu, Lenchen. Hier gebe ich der Oma Milch mit, und sie gibt dir morgens und mittags ein Glas. Und zum Abend kommst du mit

Das kleine Lenchen hinten stehend mit einem Kopftuch

der Oma hierher, spielst mit den Hasen und trinkst noch ein Glas Milch. Wenn du aber die Milch nicht austrinkst, darfst du nicht herkommen. Hast du verstanden?« »Ja!«, lautete die Antwort. Lydia gab die Flasche der Frau und forderte sie auf, am nächsten Tag wiederzukommen. »Was bin ich schuldig?« wollte sie wissen. »'sWiederkommen.« Ich begleitete die Dame. Sie zeigte mir das Haus, wo ihre Schwester wohnte. Und ich wußte, daß dort die Krankenschwester Tanuschkina wohnte. Am Abend unterhielten wir uns noch lange in der Familie über das Lenchen und schlossen sie auch in unser Nachtgebet ein.

Am nächsten Tag, schon nach dem Mittagessen, trieb das Lenchen ihre Oma an: »Oma, komm! Oma, komm!« So standen sie schon, bevor das Hasenkonzert überhaupt losging, auf dem Hof. Lydia lud sie in die Wohnung ein, wo wir uns näher miteinander bekannt machten. Als die Frau unsere Musikinstrumente sah, das Fußharmonium, die Leuchter und das Kreuz, fragte sie: »Seid ihr gläubige Leute?« Und sie freute sich und bekannte, daß sie auch den Herrn Jesus von Herzen sehr lieb habe. Sie war eine orthodoxe Russin. Nachdem wir uns zwei Stunden lang unterhalten hatten, lief das Lenchen mit unserem Peter zu den Hasen. Als es wieder seine Milch getrunken hatte, jetzt ohne Zeremonie, gaben wir der Frau zur Erbauung einige christliche Zeitschriften mit. Als die alte Dame erfuhr, daß wir gestern auch schon für Lenchen gebetet hatten, freute sie sich so und sagte: »Dann will ich jetzt auch beten.« Wir knieten nieder, und sie dankte Gott für die glückliche Begegnung. Auch wir dankten dem Herrn. Sie erzählte uns auch von Gebetserhörungen, die sie erlebt hatte.

Zwei Abende lang gab es keine Hasenfreude für Lenchen, denn es regnete. Aber sie war sehr aufmerksam und hörte zu, wie wir auf unseren Instrumenten spielten und in russischer Sprache christliche Lieder sangen. Die Frau nahm ein russisches Gesangbuch mit nach Hause und schrieb sich Lieder ab, die sie bei uns zu singen lernte.

Eine Woche lang hatte Lenchen von ihrer »Arznei« Gebrauch gemacht. Immer besser konnte sie essen, und die dunklen Flecken mit den blutenden Rissen bildeten sich zurück. Nach acht Tagen kam morgens unverhofft die Krankenschwester Tanuschkina zu uns und sagte: »Lydia Genrichowna, ich habe jetzt eine Blutanalyse bei Lenchen gemacht. Es sind 18.000 Thrombozyten im Blut.

Ich konnte das fast nicht glauben und startete nochmals einen Versuch: Wieder waren es 18.000 Thrombozyten.« Das war eine Freude für uns alle. Als am Nachmittag die Oma mit Lenchen wieder bei uns erschien, sagte Lenchen zu meiner Lydia: »Mutter, ich bin schon bald gesund.« Unsere Kinder nannten sie alle »Mutter«, so übernahm es Lenchen auch. Die Oma kam jetzt schon alle Tage gleich am Nachmittag zu uns, denn sie war bei uns fast wie zu Hause. Sie wollte auch immer neue Lieder lernen. Das erste, das sie lernte, hieß: »Laßt die Herzen immer fröhlich und mit Dank erfüllt sein.«

Der Fluß Wolga war von unserem Haus nur 300 Meter entfernt. So gingen wir oft ans Ufer, um die vielen Schiffe und Boote zu betrachten und frische Luft zu atmen. Wir bewunderten die Schönheit der Natur mit den Vögeln in der Luft und den Fischen im Wasser, die auch Lenchen so gern aß. Ehe die beiden nach Hause gingen, hielten wir eine kleine Abendandacht. Die alte Oma konnte Gott von Herzen mit Freudentränen danken. 34 Tage hielt sich die alte Oma bei ihrer Schwester und bei uns auf. Die dunklen Flecken waren bei Lenchen ganz verschwunden. Die Krankenschwester Tanuschkina nahm Lenchen oft mit und ließ sie von den Ärzten untersuchen. Inzwischen hatte das Kind drei Kilo an Gewicht zugenommen. Am achtzehnten Tag hatte Lenchen schon 140.000 Thrombozyten im Blut. Und am 27. Tag waren es 220.000 Thrombozyten. Am 34. Tag gab es etwas Unerwartetes. Als die alte Oma sich von uns verabschieden wollte, klammerte sich Lenchen an ihrer »Mutter Lydia« fest, weinte und schrie: »Ich will nicht von Mutter fortgehen.« Alle unsere Kinder weinten und wir Erwachsenen auch, besonders Lydia. Sie gab der Kleinen Geschenke mit und sagte: »Nun bist du eine Zeitlang bei Mutter und Vater, und dann kommst du mit deiner Oma wieder einmal zu uns zu Gast.«

Immer wieder kamen Briefe von Lenchens Eltern, die sich sehr freuten und die Zeit nicht abwarten konnten, ihr Töchterchen wieder zu sehen. Die Eltern von Lenchen waren sich anfangs nicht sicher, ob Oma sie nur so vertröstet hatte. Als aber das Kind mit einem kurzen Röckchen in das Zimmer eintrat, sah die Mutter, daß die Blutflecken am Körper verschwunden waren und Lenchen wieder lachte und fröhlich sein konnte. Ihre alte Oma schrieb uns gleich einen Brief aus Leningrad. Lenchen wollte nicht sofort zu ihrer Mutter gehen. Den Vater umarmte sie gleich. Da weinte die

Mutter. Da erst begriff Lenchen, daß sie noch eine »Mutter« in Sysran habe. Nach ein paar Tagen kamen Pakete aus Leningrad. Lenchens Oma hatte verschiedene Kleider und Schuhe für unsere Kinder gekauft. Auch Spielsachen schickte sie. Jeder Brief von den Eltern, den wir erhielten, löste auch bei uns Freudentränen aus. Wir dankten Gott, daß er unsere Gebete erhört und dem Kind die Gesundheit geschenkt hatte. Viele Jahre hatten wir Briefwechsel miteinander. Lenchen ging von acht Jahren an zur Schule und verheiratete sich später als 18jährige. Ihre Oma starb 1982. Gott tut heute noch Wunder, so wie in alten Zeiten. Das Wunder mit Lenchen bewirkte in der Leningrader Klinik großes Aufsehen, wo Lenchen früher behandelt worden war. Lenchens Oma mußte jedesmal, wenn das Kind zur Kontrolle gebracht wurde, von der Heilung erzählen. Jedesmal sagte sie: »Das Kind bekam als Arznei Ziegenmilch, täglich 750 g; aber wir beteten auch zu Gott, und er erhörte uns und segnete das Kind«. Sie schrieb uns, daß ein Teil der Ärzte in der Klinik fürs Gebet Verständnis gehabt hätten, während andere lächelten.

Von den gläubigen Professoren

Einmal erzählte uns die Dame aus Leningrad von Professor Pawlow, der nicht weit weg von ihr wohnte, und den sie oft in der Kirche traf. Professor Pawlow war in den Jahren 1930 bis 1940 einer der gelehrtesten Leute in Rußland. Er hielt in Leningrad an der Universität verschiedene Vorlesungen. Er wäre einmal vor Anfang des Semesters zur Universität gegangen und mußte auf dem Weg dorthin an einer Kirche vorbei. Wie jedesmal blieb er stehen, nahm seinen Hut ab und bekreuzigte sich, dann ging er weiter. Einige Studenten sahen das. Sie lachten und spotteten: Solch ein Blödsinn in unserer modernen Zeit! Ein paar Tage später hörten sie die Vorlesung des alten Gelehrten und wunderten sich über seine Gelehrsamkeit. Professor Pawlow war auch im Kirchenrat der Orthodoxen Kirche. Es war keine große, aber eine schöne Kirche. 1931 brauchte der Sowjetstaat Kupfer und Bronze für die Kriegsrüstung. Das Zentralkomitee der Kommunistischen Partei Rußlands beschloß, die Glocken von den Kirchen herunterzunehmen. Das Kirchlein aber, das die Dame und Professor Pawlow besuchten, war mit Kupferblech gedeckt. So beschloß das Leningrader Regierungsamt, nicht nur die Glocken herunterzunehmen, sondern auch die Kirche abzudecken. Professor Pawlow schrieb als Rektor der Leningrader Universität sogleich an den Genossen Stalin einen Brief, worin er warnte, daß er kein Gelehrter mehr für Rußland sein wolle, wenn die Kirche abgedeckt und die Glocken entfernt würden. So bekamen die Regierungsoberen der Stadt Leningrad Anweisung, ihren Plan zu verwerfen. Als aber Professor Pawlow später starb, hat man das Kirchlein sogleich niedergerissen, auch das Fundament ausgegraben und an dieser Stelle eine Blumenallee angelegt. Professor Pawlow war in ganz Rußland als überzeugter Christ bekannt. Den Studenten aber sagte der gottlose Nachfolger: »Nur die ungelehrten und dummen Leute glauben an Gott.« Die Studenten aber fragten: »Und wie steht es mit Professor Pawlow?« – »Ach,« war die Antwort, »sein Wissen hat er noch von seinen Eltern geerbt.«

Professor Pawlow war ein guter Kollege von Professor Filatow in Odessa. Als von den Kirchen hohe Steuern abverlangt wurden und sie es nicht zu zahlen vermochten, wurden sie geschlossen. Professor Filatow, der auch ein von Herzen gläubiger Christ war, zahlte jährlich 12.000 Rubel, so daß die Kirche nicht geschlossen werden mußte. Nach dem Tod vom Profesor Pawlow wurde in den 50er-Jahren in Odessa ein Symposium einberufen. Während dieser Tagung mußte einmal die Frage des Glaubens von Professor Pawlow erörtert werden, denn unter den vielen Studenten und Gelehrten war bekannt, daß Professor Pawlow wirklich Christ gewesen war. Dem Atheismus war das ein Ärgernis. Teilnehmer des Symposiums, die sich als atheistisch und ungläubig bezeichneten, kamen zu einer Extrasitzung zusammen, in der man im Namen aller Teilnehmer feststellte: Professor Pawlow war kein Christ. Das wurde in einem Artikel der Zeitschrift »Ogonjek« veröffentlicht. Als Professor Filatow diesen Artikel gelesen hatte, war er sehr betrübt und sagte zu seiner Frau: »Damit man es mit mir nicht auch so machen kann, will ich es heute in meinem Tagebuch eintragen«. So schrieb er in sein Tagebuch sein Glaubensbekenntnis ein und hat es mit allen seinen Siegeln bestätigt. Er war der Rektor der Universitäts-Augenklinik in Odessa. Als er starb, wurde seine Frau die Leiterin der Augenklinik in Odessa. Den Gelehrten aus verschiedenen Ländern, die zur Klinik kamen, zeigte Frau Filatow die Eintragung ihres Ehegatten ins Tagebuch und sein Glaubensbekenntnis. Auch sie war eine bekennende Christin.

Ständige Anschuldigungen

Ein halbes Jahr nach dem Erlebnis mit Lenchen kam die frühere Direktorin der Schule, die im Stockwerk unter uns wohnte, Maria Fjeuderowna Perewalowa, zu uns und erzählte meiner Lydia, was zwei Tage zuvor geschehen war. Es wurde im Klub der Fabrik RMS eine offene Parteiversammlung einberufen. Ein Politlektor aus dem Stadtkomitee war anwesend, um politische Fragen zu erörtern. Der Klub war besetzt mit Parteilosen und Parteiangehörigen. Der Lektor war früher ein Politarbeiter von hohem Rang in der Armee gewesen. Nachdem zwei Probleme über die Arbeit in der Fabrik besprochen waren, war das dritte Problem zu lösen: die Religion. Der Lektor wies darauf hin, daß die Jugend von der Verbreitung der Religion besonders betroffen sei. Sie würde von dem Ziel Lenins und der kommunistischer Partei durch Kirchenbesuch und religiöse Lehre abgelenkt. Das Christentum widerspreche der Lehre von Darwin, Marx und Lenin. Somit hemme die Religion den planmäßigen Aufbau des Kommunismus. Hier müsse energisch eingegriffen werden, um den Schaden, der durch die religiöse Lehre entsteht, zu dämpfen. »Wir wollen praktisch übergehen zu diesem Problem«, habe der Lektor gesagt. »Hier am Rande der Stadt Sysran geht die religiöse Propaganda in großem Maße von dem deutschen Pfaffen Erich Schacht aus. Er treibt seine Hetze in deutscher und russischer Sprache voran. ›Religion ist Opium für das Volk‹, so lehrte uns Lenin, deshalb müssen wir diesem Treiben Einhalt gebieten. Denn das ist sowjetfeindliche Agitation seitens der Religion. Wie ist eure Meinung? Was für Maßnahmen müssen wir sofort ergreifen? Kommunisten und nicht Kommunisten sollten ihre Meinung sagen.« Ein großes Gemurmel entstand. Endlich stand der alter Rentner Tanuschkin auf und sagte: »Ich bin ein alter Kommunist und denke, den Schacht muß man gleich dem Gericht übergeben und ihn dorthin verschicken lassen, wo die weißen Eisbären wohnen.« – »Aha«, sagte der Lektor. »Wer hat noch eine Meinung vorzubringen?« Alles war still. Aber der alte Kommunist stand immer noch. Und weil alles still blieb, sagte er wieder: »Ja, weil es Eile hat, muß er ins Gefängnis gehen.« – »Aha,« sagte der Lektor wieder. »Aber so einfach geht es nicht.« Aber der alte Kommunist Tanuschkin setzte sich nicht. Und weil keine andere Meinung geäußert wurde, sagte er wieder: »Ich werde die Beschuldigungen für den Geistlichen Schacht anbringen, bitte aber um etwas Geduld, es braucht Zeit.« Dann sollten Argumente gesammelt und an einer Tafel angeschrieben werden, die sich gegen Schacht richteten. »Er arbeitete als Elektriker hier in unserem Betrieb. Wenn er Nachtschicht hatte, war unsere Eisengießerei froh. Er war immer da, wo es nötig war,« sagte der erste. Dann fuhr ein anderer fort: »Jetzt arbeitet er beim Hochbau. Bei uns ist er unentbehrlich.« – »Fällt die Beurteilung so positiv aus?« staunte der Alte Tanuschkin. »Aber jetzt wollen wir sein moralisches Leben ansehen.« – »Er ist verheiratet und hat sieben Kinder.« – »Er ist kein Trinker.« – »Den Nachbarn gegenüber ist er immer hilfsbereit. Bei diesem letztem Punkt will ich stehen bleiben. Der Lektor wird fragen, wie sieht die große Hilfsbereitschaft aus? Und das will ich erklären. Vor einem halben Jahr kam meine Schwägerin aus Leningrad. Sie brachte ihr Enkelkind mit, das schwer krank war. In den drei besten Kliniken des Landes wurde es behandelt, aber ohne Resultat. Hier bei uns sollte sich das Kind erholen und zur Ruhe kommen. Erich Schacht, der Geistliche oder Pope, wie ihn der Lektor nannte, sah das kranke Kind und unterhielt sich mit meiner Schwägerin. Er meinte, die rechte Heilung aus einem Deutschen Doktorbuch entnehmen zu können. Er nahm sich des Kindes an, ohne dafür eine Kopeke zu nehmen. Und nach 34 Tagen konnte das Kind nach ärztlicher Untersuchung hier zu seinen Eltern nach Leningrad nach Hause fahren. Welche Freude bei den Eltern und in unserem Haus war, brauche ich nicht zu erzählen. Das ist der sogenannte Pfaffe Schacht. Aber jetzt möchte ich einen Vergleich ziehen,« fuhr er fort, »mit dem Lektor hier und mit Schacht. Fangen wir von vorne an. Wie wir hier gehört haben, ist Schacht auf seiner Arbeit unersetzlich. Dem Lektor aber, den ich von seiner Arbeit als Politruk in der Armee gut kenne, wurde gekündigt wegen Alkoholsucht. Und dann zu Schachts moralischem Leben. Er ist verheiratet und hat sieben Kinder. Der Lektor aber ist ein unmoralischer Mensch, der die Frauen wechselt, wie man die Kleider wechselt.

Dabei mißhandelt er die Frauen auch noch.« Der Lektor stand auf und wollte hinausgehen. Der alte Kommunist Tanuschkin aber erlaubte es nicht. »Der Kritik sollst du standhalten,« sagte er. »Der Schacht ist kein Trinker, ist aber hilfsbereit für groß und klein, der Lektor dagegen grob und egoistisch. Wer von den beiden muß schnellstens isoliert werden, um den Kommunismus nicht zu gefährden?« Der Lektor sprang auf, lief ins Parteizimmer und ließ sich schnell von seinem Chauffeur in die Stadt ins Parteikomitee bringen. Dort beklagte er sich wegen der Untergrabung der Autorität eines Politmitarbeiters. Die Parteiversammlung ging auseinander ohne gegen Schacht etwas unternehmen zu wollen. Der alte Kommunist Tanuschkin wurde später ins Parteikomitee vorgeladen, fuhr aber nicht hin. »Wer mit mir sprechen will, kann zu mir kommen. Ich bin Rentner.« Es kamen auch drei Funktionäre zu ihn. Er erzählte ihnen alles. So wurde dem Lektor vorgeschlagen, das »Klima zu wechseln«. Darum bemühte er sich von da an.

So sorgt Gott für die Seinen. Das Wort und die Tat müssen übereinstimmen, um später aus dem Gottlosen einen Verteidiger dessen zu machen, der die Frohe Botschaft verkündigt. Die christliche Literatur, die die Schwägerin ihm brachte, ließ in ihm ein Licht aufgehen. Die frühere Direktorin der Schule, Maria Fjeuderowna Perewalowa, ebenfalls eine Kommunistin, erzählte: »Ich war so froh über den Ausgang der offenen Parteiversammlung, war aber verhindert, euch gleich diese gute Nachricht zu bringen.«

Die große Prachtbibel mit Erklärungen

Im Sommer 1970 besuchte ich wieder einmal Pastor Arthur Pfeiffer in Moskau. Es gab eine Menge zu besprechen. Das nahm viele Stunden in Anspruch, weil es sehr nötig war. Während dieses Treffens schenkte mir Pastor Pfeiffer eine »Jubiläumsbibel mit Erklärungen und Konkordanz« und noch manche anderen christlichen Bücher. Am Nachmittag wollte ich zur Kirche auf der Malowusowskaja gehen, der früheren Kirche der deutschen Reformierten. Das war jetzt das Zentrum der russischen und deutschen Baptisten. Schon seit 1958 war ich mit den Ältesten und Brüdern dieses Baptisten-Zentrums bekannt: Iwanow, A. Karjew,

Orlow, Mitzkewitsch, Sergej Tschepetow, Shidkow und Viktor Krieger.

An jenem Tag traf ich zuerst mit Tschepetow zusammen. Er war schon 1960 ein Gast in unserem Haus in Sysran gewesen und freute sich, mich zu sehen. Er nahm mich zur Seite und sagte: »Es ist hier im Hof ein alter Schuppen, in dem sind noch viele von euren deutschen, christlichen Büchern. Die Schlüssel von dem Schuppen habe ich jetzt, so lange der Mann im Urlaub ist. Ihm ist streng verboten, von diesen Büchern abzugeben. Ich habe keine Verantwortung dafür. So gebe ich dir den Schlüssel für zwei Tage. Schaue alles durch, und was nötig ist, nimm mit. Es geht ein Gerücht um, daß der Schuppen hier hindert und abgerissen werden soll.« So nahm ich den Schlüssel und öffnete die Tür. Ich schloß von innen zu. Durch ein kleines Fensterchen drang etwas Licht herein. Ich nahm die Bücher von den Regalen und sortierte, verpackte und transportierte sie mit Straßenbahn und U-Bahn zur Station Kasanskaja. Dort gab ich sie bei der Kofferaufbewahrung ab. Bruder Tschepetow kam zur Mittagszeit und schaute, was ich alles ausgesucht hatte und lud mich zum Mittagessen ein. Danach ging ich schnell wieder an die Arbeit. Was gab es da nicht alles zu entdecken: Petersburger Gesangbücher, Gesangbücher der Reformierten mit Noten, Katechismen, Bibeln, Biblische Geschichten, Neue Testamente und verschiedene andere christliche Bücher. Um von dem obersten Regal alles herunternehmen zu können stellte ich mich auf eine Erhöhung. Weil diese Bücher schon 35 Jahre dort gelegen hatten, lag viel Staub auf ihnen, den ich erst entfernen mußte, eine schmutzige, staubige Angelegenheit! Als ich dabei wieder einmal auf die Erhöhung stieg, sprach eine innere Stimme zu mir: »Worauf stehst du? Guck mal nach!« Ich nahm verschiedene schmutzige Sachen von dem Berg weg und bemerkte darunter große Bücher. Das oberste Buch war das Kirchenbuch der Reformierten Kirche. Seine Seiten waren noch gut erhalten. Ich legte es beiseite auf ein Regal. Das zweite Buch war eine große Bibel, deren Stoffdeckel etwas vermodert waren. Die vier Ecken der Deckel waren mit Messing beschlagen das ganz grün oxydiert war. Der Bibelrand war vergoldet. Und als ich sie aufschlug, entdeckte ich eine Bibel aus dem Jahre 1650 nach der Übersetzung von Dr. Martin Luther mit Erklärungen Alten und Neuen Testaments und die Apokryphen. Das unterste Buch war auch eine Bibel, fast nochmal so groß und mit auffallend großer Schrift. Das Gewicht der ersten Bibel war 11 kg, die zweite war doppelt so schwer. Die erste Bibel verpackte ich, die zweite legte ich auch auf das Regal, zu dem Kirchenbuch. Wieder transportierte ich die verpackte Bibel und eine große Tasche voller Bücher zum Bahnhof Kasanskij. Es war Abend geworden. Und der Schnellzug Moskau-Kuibyschew fuhr vor. So nahm ich gleich die Fahrkarte und einen Träger, der mir half, mein Gepäck in den Zug zu bringen. Am Morgen traf ich in Sysran ein. Ich nahm ein Taxi und fuhr nach Hause mit einem Auto voller Bücher. Meine Frau kam gerade von der Nachtschicht. »Na ja,« sagte sie, »Bücher hast du ein Auto voll gebracht, aber keine Lebensmittel.« – »Ja! Da solltest du mit mir fahren und einkaufen. Und dann bringen wir alles nach Hause.« – »Wie, noch mehr Bücher?« – »Ja,« sagte ich. »Heute abend fahren wir ab, weil du morgen frei hast und es Sonnabend ist.« So kamen wir am Sonnabend morgens in Moskau an. Lydia ging zum Einkaufen der Lebensmittel und ich transportierte wieder Bücher zum Wartesaal Kasanskij. Aber das Kirchenbuch und die große Bibel konnte ich nicht mehr tragen. Ich gab Bruder

Die Prachtbibel von 1650 wird den Teilnehmern einer Bibelwoche gezeigt

Tschepetow die Schlüssel, und am Montag kam der Mann, dem er die Schlüssel abgeben mußte. Ich rief Pastor Pfeiffer an und sagte, daß ich nicht kommen könne, das abzuholen, was er mir zugedacht hatte. Vielleicht ginge es eine Woche später. Am Sonntagmorgen kamen wir in Sysran an. Meine Frau sagte: »Du weißt, zuhause ist kein Platz mehr, wo wir die Bücher lagern können.« Und so brachten wir sie bei meiner Schwester Selma unter. Jetzt hatte ich wieder etwas, um es auf meine Reisen zu den Gemeinden mitnehmen zu können. Am Montag kam mein Bruder Hugo zu uns, um zu sehen, was ich da angeschleppt hatte. Als wir die große Bibel auspackten, bemerkten wir glänzende Stellen auf den Ecken der Buchdeckel. Hugo nahm die Bibel mit und überzog die Deckel mit neuem Stoff. Ich nahm die Messingecken vorsichtig ab, reinigte und polierte sie und entdeckte Embleme, die Jesus mit der Dornenkrone auf dem vorderen Buchdeckel und Gott, den segnenden Vater, auf dem hinteren zeigten. Nach dieser sorgfältigen Restaurierung ließen wir die Bibel bei der Schwester Selma.

Eine Woche später besuchte ich Pastor Pfeiffer in Moskau und erzählte ihm von den Büchern, die ich mitnehmen konnte. Es waren aber noch viele Bücher zurück geblieben, unter anderem Gesangbücher der Reformierten Kirche in französischer und englischer Sprache. Unsere deutschen Bücher hatte ich alle mitgenommen. Pastor Pfeiffer hatte noch verschiedene Erbauungsbücher bekommen. So hatte ich wieder genug zu transportieren. Den Schlüssel zum Schuppen konnte ich aber nicht noch einmal erhalten. Nach einigen Monaten brannte der Schuppen ab samt allen Büchern, die noch darin waren, auch die große Bibel und das Kirchenbuch sind mit verbrannt. Als wir 1990 aus Rußland ausreisten, konnte ich die Prachtbibel nicht mitnehmen. Aber 1993 brachte sie mir mein Sohn in seinem Auto mit. Ich betete dafür, denn ich wußte, wenn die Grenzwächter sie finden, würden sie sie beschlagnahmen. Aber Gott erhörte meine Bitte, und die Bibel wurde nicht entdeckt. Immer wieder lese ich durch, wie in ihrem Vorwort die Fürsten und Herzoge, Gelehrte, Professoren und Theologen ihre Dankbarkeit gegen Gott, den Herrn, ausdrückten, der es möglich gemacht hatte, daß diese Bibel in deutscher Sprache in solcher Pracht und mit Erklärungen durch vollmächtige Gläubige hergestellt werden konnte. 50 Jahre hatte die Anfertigung gedauert, von 1600 bis 1650.

Emil Schacht

1926 besuchte Gustav Schacht, Emils Vater, uns in der Stadt Pulin in Wolhynien. Danach haben wir uns bis 1973 nicht mehr gesehen. Wir fanden uns nach vielen Jahren der Trennung und Ungewißheit erstmals wieder im Dorf Intumak im Gebiet Alma Ata, wo seine Familie seit 1960 wohnte. Bis zum Jahr 1941 lebten sie in Weißrußland. Emils Vater war einer von den fleißigen Bauern, deren Landwirtschaft den nötigen Gewinn einbrachte. Auch die neun Kinder halfen fleißig mit. Aber bei den Menschen gibt es eine schwere »Krankheit«: Große Augen auf fremdes Gut! So war es auch in Weißrußland. Den Wohlhabenden nannte man einen »Kulak«. Solchen nahm man am lichten Tag Haus und Hof, Vieh und Land weg und verschickte die verarmte Familie nach Kasachstan und den Hausvater ins Gefängnis. So geschah es auch mit der Familie von Gustav Schacht im Jahr 1937. Keins seiner Kinder hat ihn jemals wiedergesehen. Die Mutter samt den neun Kindern wurde in eine Kolchose gesteckt und verarmte. Von früh bis spät mußte die Familie arbeiten, aber das tägliche Brot war spärlich. Die Ernte zog der Staat ein. Für den Kolchosarbeiter blieben nur Abfälle, Draspe (ein Getreideunkraut) und anderes Minderwertige. Der Hunger quälte. Es gab kein Geld für die Arbeit. Die Kleider waren zerlumpt und der Frost war grimmig. Wie sollte es weitergehen? Da riefen die zwangsumgesiedelten Mütter mit ihren Kindern zu Gott: »Du hast deine Hilfe versprochen! Du wirst die Deinen nicht verlassen noch versäumen! Hilf Herr, sonst kommen wir alle um!« Trotz Hunger, Kälte und Krankheit stimmten die Witwen immer wieder Hoffnungslieder in ihren Lehmhäusern an. Oft kam der ungebetene Gast, der Tod, und raffte viele hinweg. Viele Tränen der Trauer flossen in der Verschleppung in Kasachstan und Sibirien!

Emil erzählte mir: »Ich mußte in Zelinograd die Pferde des Kolchos hüten. Es war Winter in der Steppe Kasachstans. Das Gras war vom Schnee bedeckt. Tag und Nacht weideten die Pferde unter freiem Himmel. Mit den Füßen mußten sie den Schnee wegscharren und das verdorrte Gras suchen und fressen. Die Hufe der Tiere kratzten sich aber wund. So wurden viele lahm. Wir mußten sie auf Schlitten heimholen oder den Wölfen auf dem Feld zur Beute lassen. Da gab es auch Stuten, die draußen ihre Füllen zur Welt brachten. Die nassen Tierlein mußten auf dem Schnee erfrieren und die Muttertiere quälten sich mit der Milch im Euter. Ich hatte schrecklichen Hunger. Da fiel mir ein: Die Tiere haben doch Milch. Ich ging zu einer Stute, streichelte sie und fing an, sie zu melken. Und die Milch spritzte. Ich setzte mich und melkte mir sie direkt in den Mund. Das war aber ungeschickt, denn ich mußte den Kopf hochhalten und gleichzeitig melken. Da ging ich hinter das Pferd, hielt mich an beiden Hinterbeinen fest, streckte meinen Kopf zwischen die Beine des Pferdes und saugte die Milch aus dem Euter. Das tat mir gut. Mein Magen hatte Speise. Später nahm ich dann immer ein Eimerchen mit. Ich lernte die Stuten zu melken und schickte auch Milch nach Hause. Mit den Jahren verbesserte sich die Lage etwas. Ich heiratete Frieda Muth, und wir führten eine Ehe, wie viele andere, in Jesu Namen. Zelinograd ist eine kalte Gegend. Der ›Storch‹ brachte uns ein Mädchen und bald darauf ein Bübchen. Darüber seufzten wir nicht, aber wir wollten doch für uns und unsere Kinder ein wärmeres Klima haben. So siedelten wir 1960 ins Dorf Intumak im Alma Ata Gebiet über. Da kauften wir ein Haus und etwas Gartenland. Wir arbeiteten dort in der Kolchose beim Säen und Ernten und beim Vieh. Im Dorf wohnten viele Deutsche. Heimlich kamen wir zusammen, um zu singen und zu beten. Bruder Adolf Ortlieb und andere lasen uns Predigten vor. Langsam wuchs unser Häuflein. Bruder Anton kam zu uns und lehrte die Kinder, auf Instrumenten zu spielen.

In der Stadt Alma Ata fanden sich mehrere Gruppen zusammen und schafften sich ein Bethaus an. So fuhren auch wir oft zum Gottesdienst dorthin, wo Pastor Hermann Zielke und Pastor Reinhold Otto als begabte und von Pastor Eugen Bachmann eingesegnete Brüder den Dienst in der Gemeinde taten. Kinder, die im Chor mit Instrumenten spielten und sangen, erfreuten Alt und Jung, die den Gottesdienst besuchten. Doch die Ungerechtigkeit bei der Arbeit in der Kolchose war nicht zu ertragen. Wir hatten inzwischen schon unsere neun Kinder. Meine Frau Frieda arbeitete auf dem Feld. Sie mußten Zuckerrüben säen, hacken, häufeln und ernten. Diese Arbeit nahm das ganze Jahr in Anspruch. Ich verdiente 380 Rubel im Monat, aber ausbezahlt wurden mir nur 180 Rubel. 200 Rubel bekam ein Kasache namens Achmed, der gar nicht in der Kolchose arbeitete. Aber es war unmöglich das Recht einzufordern, denn die Leiter der Kolchose waren Kasachen. Wie aber sollte die Familie mit so wenig Geld ein normales Leben führen?«

Ernst Schacht

1977 besuchte uns Emil Schacht mit seinem Sohn Ernst in Sysran. Ich war sehr froh, denn ich mußte bei Pastor Hugo Perno in Tallin in Estland Bücher abholen, die bei ihm seit 25 Jahren im Hof vergraben gelegen hatten. Er hatte seine ganze Bibliothek vergraben, weil man ihm angekündigt hatte, daß er verhaftet werden würde, wie viele andere Geistliche auch. Tatsächlich wurde er 1941 verhaftet und konnte erst 1960 wieder nach Estland zurückkehren. Sein Haus stand noch. Die Türen und Fenster waren mit Brettern zugenagelt. Die Garage war verschlossen. Seine Frau hatte sich gleich nach seiner Verhaftung wieder verheiratet und ein Haus auf dem selben Grundstück gebaut und wohnte dort. Lange Jahre durfte Pastor Hugo Perno kein Pfarramt führen. So lag seine Bibliothek noch weitere fünf Jahre vergraben. Nach seiner Rehabilitation konnte er in Rente gehen. Dann holte er seine Bücher aus dem Erdversteck. Ein Teil davon war durch Feuchtigkeit kaputtgegangen. Sehr viele deutsche christliche Bücher waren aber noch gut erhalten. Die schenkte er mir. Sie lagen in einem Schuppen auf einem Haufen: Predigtbücher, Bibeln, Neue Testamente, Gesangbücher, verschiedene christliche Erbauungsbücher, Biblische Geschichten und Katechismen. Ich hatte schon mal deswegen eine Reise gemacht, aber es waren noch viele Bücher zurückgeblieben. So bat ich Bruder Ernst, mit mir zu fahren und sie zu holen. Wir blätterten sie alle durch und nahmen die mit, welche unseren Christen nützlich sein konnten. Wir fuhren auch ins Konsistorium zu Erzbischof Alfred Tooming, wo wir auch noch beschenkt wurden. Dann ging es im Zug weiter nach Lettland. Da besuchten wir zuerst Erzbischof Matulis, der uns auch mit christlicher Literatur erfreute. Dann gingen wir zu Oberpastor Harald Kalnins, der uns auch nicht leer ausgehen ließ. Vollbeladen ging es von Riga über Moskau nach Sysran zurück. Ich freute mich sehr über unsere so reich gesegnete Reise und bat Bruder Ernst, mich ins Gebiet Koktschetaw zu begleiten, denn dort war dieses Lebensbrot sehr rar. Und so machten wir diese Reise und kamen auch in die Gemeinden im Rayon Krasno Armejsk und Kellerowka. Die Gemeinden waren für die Bücher sehr dankbar. Bruder Ernst machte mit seinem Fotoapparat herrliche Aufnahmen.

Die Gottesdienste in den Häusern wurden alle am Abend gehalten. Bruder Ernst fuhr von dort aus direkt nach Hause nach Alma Ata. Wie war der junge Bruder Ernst mit seinem ganzem Herzen dabei! Seine Gaben setzte er ganz und gar ein. Als ich die Familie Emil Schacht später bei ihrer Auswanderung bis nach Moskau begleitete, sagte ich zu ihm: »Bruder Ernst, weil du im Glauben stehst, so will dich Jesus ganz haben. Wenn du in der deutschen Heimat angekommen bist, bemühe dich, als Arbeiter in den Weinberg des Herrn zu gehen.« Er antwortete: »Ich will's tun.« Und er machte sein Versprechen wahr. Durch wunderbare Wege und Gottes Hilfe beendete er das Predigerseminar in St.Chrischona in der Schweiz. Und so steht er heute in der Arbeit für Jesus. 10 Jahre arbeitete er als Geschäftsführer der Kirchlichen Gemeinschaft der ev.-luth. Deutschen aus Rußland e.V. in Bad Sooden-Allendorf. Am 31.12.1995 wurde er zum Pfarrer ordieniert. Bis Mai 1998 wirkte er als Bischof der ev.-luth. Kirche im östlichen Teil Rußlands von Omsk bis Wladiwostock. Jetzt wirkt er als Pfarrer der Hannoverischen Landeskirche mit einem Teilauftrag für die Ev. luth. Kirche in Sibirien.

Pastor Dr. Christian Dietrich

Pastor Dr. Christian Dietrich aus der früheren DDR besuchte schon Ende 1960 mit Touristen Rußland. Diese Leute brachten sehr viel christliche Literatur mit. Er verließ oft seine Gruppe in Moskau und reiste bis nach Frunse, um Gemeinden in Kirgisien zu besuchen. Er prüfte den Zustand der Evangelisch-Lutherischen Gemeinde in Rußland, um zu wissen, wie ihnen am besten geholfen werden könne. Jedesmal besuchte er Pastor Arthur Pfeiffer in Moskau, wo auch ich mit ihm bekannt wurde.

1971 bekam ich von Pastor Dr. Christian Dietrich eine Postkarte aus Frunse, auf der er schrieb, daß er in Kirgisien noch die Gemeinden besuche und nach einer Woche mit dem Zug Nr.17 zurückkommen werde. Der Zug würde 30 Minuten in Sysran halten, da könnten wir uns sehen und über wichtiges austauschen. Ich wußte, daß alle meine Korrespondenz durch die Kontrolle des KGB geht. So kam am nächsten Tag auch prompt ein KGB-Beamter zu mir und stellte mir verschiedene Fragen. Zuletzt wollte er wissen, was für Verwandte wir in Frunse hätten. Ich durchschaute rasch seine Nachforschung und sagte ihm, das seien Verwandte von Lydia, meiner Frau. Auf meine Frage, warum er das wissen wolle, antwortete er, daß es nötig sei. Er schrieb aber nichts auf. Am nächsten Tag war der mit Pastor Dr. Christian Dietrich verabredete Tag. Ich wollte ihn ja gern sehen und sprechen, aber der Aufenthalt des Zuges war nur fünf Minuten. Man hatte ihn bei der Auskunft falsch informiert. Und mir war auch bewußt, daß ich abgefangen würde, wenn ich ihn sprechen würde. Ich wußte aber, daß der Zug Nr. 17 in der Stadt Kuibischew 30 Minuten hält. So beschloß ich, morgens nach Kuibischew zu fahren, dort eine Fahrkarte zu kaufen und im zwölften Wagen mit Pastor Dr. Christian Dietrich zwei Stunden lang ein Gespräch zu führen. Ich bekam auch die Fahrkarte in Kuibischew zu dem Zug Nr. 17 im Wagen 12. Ich wartete auf dem ersten Gleis, bis der Zug ankam. Die Fahrgäste aus dem Luxwagen stiegen aus, auch Pastor Dr. Christian Dietrich. Mit ihm kamen noch zwei Personen aus dem Wagen, eine Dame und ein Herr. Ich erkannte Pastor Dr. Christian Dietrich gleich, obwohl er sich, seit wir uns das letzte Mal gesehen hatten, einen schwarzen Bart hatte wachsen lassen. Er erkannte mich nicht. Ich hielt mich in einiger Entfernung auf und sah seine Begleiter. Unmittelbar bevor der Zug losfuhr, stieg ich als Letzter ein, zeigte dem Schaffner meine Fahrkarte und sagte: »Ich brauche keinen Platz. Ich fahre nur bis Sysran.« So stand ich auf dem Gang gegenüber dem offenen Abteil und hörte dem Gespräch zu, das der Pastor mit seinen Begleitern führte. Als einmal Pastor Dr. Christian Dietrich in meine Richtung schaute, gab ich ihm einen Wink und ging zur Ausgangstür. Nach einem Weilchen kam er heraus. Wir begrüßten uns mit einem Kuß, und ich sagte zu ihm: »Sie haben eine gute Wache. Die werden auch ihre Sachen untersuchen. Es sind Geheimagenten des KGB.« Er reichte mir dankbar die Hand und ging in sein Abteil zurück und kam nicht wieder heraus. Ich ging an meinen Platz im Gang zurück, guckte lange aus dem Fenster, konnte aber durch die Spiegelung im Fenster in das Abteil sehen. Aber wir konnten nicht miteinander reden. In Sysran angekommen, ging ich durch den 13. und 14. Wagen und stieg dort aus. Ich drückte mich um den 16. Wagen herum, gelangte über die Gleise zum Wartesaal und von dort zur Bushaltestelle. In einem Bus nahm ich Platz, obwohl der noch 20 Minuten stand. Als der Bus abfuhr, saß ich so in Gedanken vertieft, daß ich nicht merkte, daß der KGB-Beamte neben mir stand. Als ich ihn anschaute, wurde er rot wie eine Pute. Der Bus war überfüllt, so daß er stehen mußte, er sagte nichts zu mir.

Pastor Dr. Christian Dietrich kam im Zug immer heftiger ins Gespräch mit seinen Fahrgästen. In Moskau konnte er dann in der U-Bahn seinen Begleitern entkommen und gelangte glücklich bei Pastor Pfeiffer an. Von dort aus fuhr er zu seiner Touristengruppe und kam auch gut wieder nach Hause. Seit der Zeit habe ich ihn nicht mehr gesehen. Er aber setzte seine Reisen zu den Gemeinden in Rußland fort und brachte ihnen jedesmal christliche Bücher.

Zwei Monate nach dieser Zugfahrt wurde ich mit dem Dienstauto des Rathauses vom Rayon Vollzugskomitee direkt von der Arbeit abgeholt. Ich meldete dies meinem Arbeitgeber. Als ich ins Zimmer zwei geführt wurde, saß beim Bevollmächtigtem für religiöse Fragen bereits der KGB-Mann. »Ich habe Sie holen lassen« sagte der Bevollmächtigte, »wegen Ihrer Besuchsreise zur Gemeinde Selenokumsk im Kaukasus-Gebiet Prochladny.« – »Ja, und? Ich hatte schriftliche Einladungen von den Gemeinden. Die Briefe habe ich noch. So unternahm ich diese Reise und bediente die Gemeinden mit Rat und Tat.« Der KGB-Beamte behauptete: »Sie haben kein Recht, andere Gemeinden zu besuchen.« »Doch, auf briefliche Einladungen hin habe ich das Recht sogar bis nach Kamtschatka zu fahren, um die Gemeinden zu betreuen. Aber Sie haben kein Recht, meine Briefe zu öffnen, die Sie abfangen und mir nicht zukommen lassen.« Nach verschiedenen Drohungen wurde ich entlassen, mußte aber mit dem Stadtbus nach Haus fahren.

Weitere Hilfen aus dem Westen

Propst Eberhard Schröder aus der DDR, später Generalsekretär des Gustav-Adolf-Werkes, besuchte schon Ende der 60er Jahre Rußlands Gemeinden als Tourist. Jedesmal schaute er bei Pastor Arthur Pfeiffer in Moskau herein und brachte christliche Bücher mit. Auch durch andere Touristen schickte er christliche Literatur zu Pastor Pfeiffer nach Moskau. Ich traf mich zum erstenmal mit Propst Schröder 1969 in Moskau bei Pastor Pfeiffer, wo wir uns ausführlich über die Not unserer Evangelisch-Lutherischen Gemeinden unterhalten konnten, die sich damals heimlich treffen mußten. Propst Schröder nahm viele Anschriften von Brüdern und Schwestern aus verschiedenen Gemeinden mit und schickte ihnen Pakete mit christlicher Literatur. Auch ich erhielt etliche Pakete, bis die Zeit kam, in der man sie mir nicht mehr aushändigte. Lange Jahre bekam ich Briefe, in denen mir Propst Schröder schrieb, daß er wieder Pakete mit christlicher Literatur abgesandt habe, aber sie erreichten mich nicht. Die Hilfe mit christlicher Literatur brachte unseren Christen große Freude. Wir sahen, daß wir noch Brüder hatten, die sich um uns kümmerten.

Leitende Brüder aus Georgiewka, Gebiet Dschambul

1980 trafen wir uns in Tallin auf der Europa-Konferenz des Lutherischen Weltbundes, als Oberpastor Harald Kalnins zum Superintendenten gewählt wurde.

Pastor Burchard Lieberg konnte Rußland schon in den Jahren um 1960 besuchen. Auch er kehrte immer bei Pastor Pfeiffer in Moskau ein und brachte Bibeln, Neue Testamente, Katechismen und andere christliche Bücher mit. Nach dem Wort Jesu »Seid klug wie die Schlangen« handelte er schon in Deutschland. Er gab jedem mit ihm reisenden Touristen eine Bibel, ein Neues Testament und anderes ins Gepäck mit. So konnte jeder etwas über die Grenze bringen. Und in Moskau sammelte Pastor Lieberg wieder alle Bücher ein und brachte sie zu Pastor Pfeiffer. Von Moskau aus gingen diese Bücher dann in verschiedene Richtungen entsprechend der Bitten in den vielen Briefen.

1975 bekam ich Post von Propst Soosaar aus Tallin in Estland und fügte einen Brief von Pastor Lieberg bei in dem er schrieb, wie sich unsere Glaubensbrüder im Ausland bemühten, uns das zukommen zu lassen, was zur Wiederbelebung der christlichen Kirche in Rußland nötig war. Er schickte an Propst Albert Soosaar und Erzbischof Tooming Pakete mit Büchern, die ich auf dem Estnischen Konsistorium abholen konnte. Einmal waren es gleich 18 Pakete mit wichtigen, neuen Büchern wie Predigtbände, Glaubenslehre, Einführung ins Neue Testament und viele andere. Das war eine Freude! Die Brüder, die diese Bücher bekamen, teilten es gleich anderen, ihnen bekannten Gemeindeleitern mit. Darauf erreichten mich viele Briefe mit der Bitte um Zusendung eines solchen Buches. Weil aber alle an mich gerichteten Briefe kontrolliert wurden, waren Umwege dafür erforderlich. Auch hier hieß es: Seid klug wie die Schlangen!

Meine Frau Lydia begleitete mich oft auf meinen Reisen zu den Gemeinden. Solange meine Mutter noch lebte und meine Schwestern Olga und Selma auch in der Stadt Sysran wohnten, konnte für unsere Kinder gesorgt werden. So konnten wir unbesorgt die Besuchsreisen zu den Gemeinden in den Gebieten Kustanaj, Koktschetaw, Alma Ata, Tjumen, Taldy-Kurgan, Taschkent, Tschimkent, im Kaukasus, Uljanowsk, Kuibyschew und im Baltikum unternehmen. Weil Lydia eine gute Stimme hatte, sangen wir viele Lieder auf Tonband, die dann in den Gemeinden gelernt wurden. Aber auch wir lernten da und dort neue christliche Lieder. Mit der

Zeit entstanden so kleine, häusliche »Tonstudios«, in denen Lieder, Gedichte und für festliche Zeiten auch Predigten aufgezeichnet und verbreitet wurden. Das gab vor allem Alten und Kranken Trost, die keine Gemeinschaft mehr pflegen konnten. Oft bewirkten diese Bänder und Kassetten auch eine geistliche Umkehr zum Herrn Jesus.

1984 besuchten wir auch Gemeinden im Gebiet Dshambul, im Rayon Michajlowka und Georgiewka. In Georgiewka wurde am 13.9.1984 gerade das Erntedankfest gefeiert. Nach dem Gottesdienst wurden draußen im Freien Tische gedeckt, und alle, die den Gottesdienst besuchten, wurden zur Mahlzeit eingeladen. Die Tische wurden derart mit Speisen und Obst gedeckt, daß kein leerer Platz zu sehen war. Alle ließen es sich gut schmecken und waren in reger Unterhaltung. Da kam der Kirchenvorstand Bruder Otto Gretzinger zu uns an den Tisch und sagte zu meiner Frau: »Liebe Schwester Lydia, für dich drei besondere Früchte, weil du uns heute so erbauliche Gedichte und Lieder zum Erntedank aufgesagt und gesungen hast. Diese sollen in uns lange nachhallen. Diese Früchte sind nur für dich.« Dabei legte er drei große, gelbe Pfirsiche auf den Tisch. Lydia konnte nur einen essen, weil sie doch schon so viele andere Früchte versucht hatte. »Danke! Noch nie im Leben habe ich so gutschmeckende und aromatische Früchte gegessen, und dazu so große!« – »Das ist aus Liebe dafür, daß du an uns denkst und uns noch häufiger besuchen wirst.«

In Dshetysaj im Gebiet Tschimkent, wo wir öfters die Gemeinden besuchten, wurden wir immer gastfreundlich bei Familie Baumgärtner oder Franz Jener oder Alexander Steinle aufgenommen. In diesen christlichen Häusern waren wir über die Musik, den Gesang und auch über die Zeugnisse glücklich, von dem, was Menschen mit Jesus erlebt hatten.

Im Gebiet Taschkent konnten wir viel Freude in den Gemeinden von Tschirtschik, Angren, Gasalkent und Sary-Agatsch erleben. Es gab keine Gemeinde, wo wir nicht reich gesegnet wurden, aber auch Segen bringen konnten.

Gemeinde in Komsomoletz im Kustanai-Gebiet

Der Betsaal in der alten Stalinka in Komsomoletz hatte einen wichtigen Dienst getan. Ein Erwachen und eine Hinwendung zum Schöpfer des Himmels und der Erde war bei vielen lauen Christen und ungläubigen Menschen geschehen. Das Bethaus war zwar geschlossen, aber die Verkündigung der frohen Botschaft ging weiter. Die Sehnsucht, Gottes Wort frei zu hören und Gott mit Gesang und Saitenspiel preisen zu können, wie es schon an vielen Orten des großen Landes erlaubt war, drang durch. In immer mehr Häusern in Komsomoletz versammelten sich Jugendliche und Alte und beteten herzinnig: »Herr Jesus, du Herr der Kirche, laß uns doch auch die Freude erfahren, unverboten dein Wort zu hören und deinen heiligen Namen zu preisen«. Und der Herr Jesus erhörte. Die Ältesten der Gemeinde, Bruder Peter Dyck und August Hübscher, machten sich auf und besuchten den Gebietsvorsitzenden für religiöse Angelegenheiten in Kustanai. Sie legten eine Bittschrift mit 20 Unterschriften vor und baten um Erlaubnis, registriert zu werden und ein Haus kaufen zu dürfen, um es als ein Bethaus einzurichten. Darum gab es ein langjähriges Tauziehen mit den Atheisten von Komsomoletz und von Kustanai. Viele Grobheiten mußten die Brüder einstecken und viele Reisen machen. »Wie oft wollt ihr noch kommen? Es wurde euch doch gesagt, daß die Behörden und die Bevölkerung von Komsomoletz hier kein Bethaus wollen. Und du, August Hübscher, hast schon 10 Jahre Straflager hinter dir, willst du wieder dahin?« Aber die Brüder, die immer zu dritt die Obrigkeit besuchten, sagten: »Wir bitten nur um das, was uns gesetzlich erlaubt ist. Es herrscht Religionsfreiheit, und ein Bethaus steht uns zu.« Die Behörden mußten den Antrag nach Moskau schicken. Die Gläubigen aber warteten und beteten.

In jener Zeit lebte Bruder Dyck immer noch in einem Lehmhaus. Als er einen neuen Ofen einbauen wollte, ging er zu den Behörden mit einem Antrag auf 100 Ziegel. Er wollte den rechtmäßigen Geldbetrag und auch den Transport mit dem Pferdewagen bezahlen. Er bekam die Erlaubnis und bezahlte. Er ging am nächsten Tag zur Fabrik, wo sich die Ziegel befanden, um dort zusammen mit dem Fuhrmann die Ziegel zu laden und zu sich nach Hause zu bringen. Als Bruder Dyck eintraf, hatte der Fuhrmann die Ziegel schon geladen. Bruder Dyck fragte: »Wieviel hast du geladen?« – »120 Ziegel.« – »Nein,« sagte Bruder Dyck, »ich brauche nur 100 Ziegel.« Und er lud 20 Ziegel wieder ab. Dann fuhren sie zur Fabrikwache. Der Wächter kam aus dem Wachhäuslein, schaute auf das Dokument und fragte: »Wieviel Ziegel sind geladen?« Bruder Dyck sagte: »So viele, wie bezahlt sind, 100 Stück.« Der Wachmann verlangte: »Abladen und zählen!« Der russische Fuhrmann fluchte und sagte: »Das hätte auch jemand auf dem Lagerplatz zählen können.« Wohl oder übel mußten die Ziegel abgeladen und gezählt und wieder aufgeladen werden. Es waren 100 Stück. Als sie durch das Tor gefahren waren, fluchte der Fuhrmann wieder und sagte: »Hier ist doch was nicht in Ordnung.« Bruder Dyck fragte ihn: »Hast du nicht gemerkt, wer noch in der Wachstube war?« – »Nein,« sagte er. – »Es war der Parteisekretär.« – »Na, aber der hatte doch zu mir gesagt, daß ich 120 Ziegel aufladen soll.« – »Sieh, mit meiner Bitte, wieder 20 Ziegel abzuladen, habe ich recht gehandelt. Ich bin ein evangelischer Geistlicher. Stell dir vor, wenn ich 120 Ziegel auf dem Wagen gehabt hätte und wir wären zur Wache gekommen und der Mann hätte uns kontrolliert, dann hätte er ein Protokoll geschrieben und der Parteifunktionär hätte ein großes Geschrei gemacht: Der Diener der Kirche ist ein Dieb!« Der Russe sagte wütend: »Das halte ich ihm unter die Nase. Und warum ist er so böse auf Sie?« – »Weil wir deutschen Gläubigen uns hier ein Bethaus bauen wollen. Heute wäre es ihm beinahe gelungen, uns zu schaden, dann hätte er als Atheist und Kommunist und als Parteichef einen Grund gehabt zu protestieren, weil die deutschen Gläubigen Diebe seien und sich als solche ein Bethaus bauen wollen.«

Die Zeit verging. Endlich kam die Erlaubnis, für den Bau des Bethauses, aber nur am Rande der Stadt, weit entfernt von Schule, Klub, Krankenhaus und Geschäften. Dicht am kleinen Fluß verkaufte jemand ein altes, kleines Haus mit etwa 200 qm Land. Daneben war ein Brunnen, wo viele Einwohner ihr Wasser holten. Das Häuschen wurde gekauft und abgerissen. Ein gutes Fundament wurde gelegt und mit ebenfalls gekauften alten Eisenbahnschwellen wurden die Wände hochgezogen. Das Haus wuchs und der Dachstuhl wurde errichtet. Das Haus sollte aber von außen noch mit Ziegeln belegt werden, weil es dort im Winter sehr kalt ist. Da kam eines Tages ein großer Kipplaster und brachte Ziegel:

»Wohin kippen wir die Ziegel ab?« Die verantwortlichen Brüder sagten: »Ja, wir brauchen Ziegel, aber zuerst fahren wir zum Kontor und bezahlen die Ziegel, dann erst werden sie abgeladen.« – »Ich habe keine Zeit, lange herumzufahren. Gib mir das Geld, ich bringe es ins Kontor.« Der zweite Mann aber, der im Auto saß, war der Parteichef. Als er merkte, daß man ihn erkennen würde, fuhr der Chauffeur weg. Einige Tage später kam ein Lastauto mit Brettern, 40 Millimeter dick für den Fußboden. Auch da saß der Parteisekretär im Wagen. Auch diesmal gelang ihm der Trick nicht. Das Haus war fertig, und das Bauamt mußte es abnehmen. Die Kommission prüfte alle Quittungen und auch die Baumaterialien. Die Feuerwehr und auch die Installateure kontrollierten den Bau. Da stellte sich heraus, daß der Brunnen alt war. So mußten die Brüder den Brunnen neu graben, dann erst wurde das Haus vom Staat abgenommen. Obwohl die Gemeinde das Haus baute, durfte sie dennoch kein Gebäude besitzen. Es mußte dem Staat übergeben werden und die Gemeinde mußte es vom Staat pachten. Aber die Arbeit, die Strapazen und die Grobheiten und Schikanen durch die Behörden machten die Gemeindeglieder nicht mürbe. Daß alles mit dem Bethaus in Frieden und Freude und unter dem Segen zu Gottes Ehre getan werden konnte, darüber freute sich die Gemeinde und dankte Gott. Bei der Einweihung des Hauses dankten sie besonders auch den Brüdern und Schwestern, die am Bau tätig waren. »Es hat sich gelohnt«, sagten die Geschwister, »Jung und Alt werden hier zu Jesus finden.«

Die evangelische Gemeinde zu Karaganda

1946, also noch in der Zeit der Kommandantur, arbeitete Pastor Johannes Pabst in Karaganda. Er hatte eine 10jährige Haft durchgemacht und war in Karaganda ansässig geworden. Als er die Not seiner christlichen Brüder und Schwestern sah, ging er auf Betreiben des Heiligen Geistes wieder los, die Frohe Botschaft von Jesus zu verkündigen. Schon vor dem Krieg war er an der Wolga als Pastor tätig gewesen, weshalb er 10 Jahre im Konzentrationslager abbüßen mußte. Heimlich hielt er hin und her in den Häusern in Karaganda, Saran und Umgebung Bibelstunden, Gebetsversammlungen und Gottesdienste und verwaltete die Sakramente. 1951 wurde er mit neun weiteren Brüdern, unter ihnen Friesorger Adam, Emerich David und Bruder Wolf, die auch in der Umgebung von Karaganda vollmächtig die Frohe Botschaft ausrichteten, festgenommen und zu 25 Jahren Konzentrationslager wegen religiöser Tätigkeit verurteilt. Jeder der zehn Brüder konnte ein letztes Wort vor Gericht sagen. Pastor Johannes Pabst sagte: »Ich bete jeden Abend: ›Soll diese Nacht die letzte sein in diesem Jammertal, so führe mich in den Himmel ein zur Auserwählten Zahl‹. Ihr aber gewährt mir noch 25 Jahre zu leben, so kann ich in diesen Jahren noch vielen Menschen von Jesus erzählen. Ich bedanke mich beim Gericht für solch ein großes Geschenk«. 1954, nach dem Tode Stalins, wurden alle zehn Brüder rehabilitiert und freigelassen. Pastor Johannes Pabst kam wieder zurück nach Karaganda und diente weiter mit Freuden seinem Heiland. Immer wieder wurde er von der Obrigkeit angegriffen, aber er konnte nicht schweigen, von Jesus zu zeugen und Gottesdienste zu halten. Im Frühjahr 1956 rief der Herr ihn zu sich in sein Reich. Pastor Eugen Bachmann, der damals schon in Zelinograd tätig war, beerdigte ihn in Karaganda.

Im Herbst 1956 wurde in Zelinograd eine Brüderkonferenz einberufen. Dabei wurde Bruder Friedrich Schäfer, der auch in der Gemeinde Karaganda tätig war, im Reformationsgottesdienst von Pastor Bachmann zum Pastor eingesegnet. Im Gebiet Karaganda wohnten sehr viele verschleppte Deutsche, die seelsorgerliche Betreuung nötig hatten. Da hatte Pastor Schäfer viel zu tun. Er wurde auch in verschiedene Städte und Dörfer geholt, um Beerdigungen und Gottesdienste zu halten und das Abendmahl auszuteilen. Als ich 1958 zum erstenmal bei Pastor Schäfer in Karaganda war, erzählte mir seine Frau, daß er wegen der vielen Arbeit selten zuhause sei. Pastor Schäfer berichtete mir, daß er oft zu dem Bevollmächtigtem für religiöse Fragen gerufen wurde. Jedesmal sei auch ein KGB-Mitarbeiter dabei gewesen, wenn er grob behandelt wurde. Der KGB-Mann packte ihn am Kragen, schüttelte ihn und schrie ihn an: »Ich bring dich wieder dorthin, wo du die weißen Eisbären schon gesehen hast.« Pastor Schäfer riß sich los und sagte: »Diese Zeit ist vorbei. Die Gesetze wurden geändert. Wir Deutsche sind nicht mehr unter der Aufsicht der Kommandantur. Wir haben jetzt auch Religionsfreiheit wie alle Nationen des Landes. Hier nehmen Sie von unserer Gemeinde einen Antrag mit 20 Unterschriften entgegen. Wir brauchen ein Bethaus und wollen staatlich anerkannt sein und wie die Gemeinde in Zelinograd registriert werden.« Der Beamte sagte: »Das macht Moskau.« – »Aber durch Sie«, erwiderte Pastor Schäfer. »Im Gesetz heißt es, innerhalb eines Monats soll die Antwort da sein. Für die Grobheiten aber des KGB-Mannes werdet ihr beide Verantwortung tragen. In einem Monat komme ich und hole die Antwort ab.« – »Aber bevor ihr die Antwort nicht bekommen habt, werden keine Gottesdienste und Versammlungen stattfinden,« schrie er. Pastor Schäfer ging.

Aber das KGB-Rad drehte sich weiter. Aber auch Pastor Friedrich Schäfer verrichtete seinen Dienst weiter. Spitzel verfolgten ihn überallhin, wo er Dienst tat. Er wurde vom Gebietsvorsitzenden für religiöse Sachen vorgeladen, ging aber nicht hin. Dann wurde er mit einem Dienstauto des Gebietsvorsitzenden abgeholt. Und wieder war ein KGB-Mann anwesend. Pastor Schäfer fragte: »Es ist ein Monat vergangen. Wie lautet die Antwort auf unseren Antrag?« Diese aber besagte: »Die Antwort muß vom Rayon

Karl Seiler war der Gemeindeleiter in Saran/Karaganda (erste Reihe links außen)

Vollzugskomitee kommen, und die haben in der Sitzung beschlossen, kein Bethaus zu erlauben.« – »Dann geben Sie mir bitte den Beschluß aus dem Rayon Vollzugskomitee schriftlich. Wir werden weitergehen.« – »Wir sind weiter«, war die Antwort, »und wir werden nicht früher anfangen, uns um eure Bitte zu kümmern, bis ihr mit den unerlaubten Gottesdiensten aufhört. Wir werden Strafmaßnahmen ergreifen.« – »Im Gesetz heißt es«, sagte darauf Pastor Schäfer, »im Verlauf eines Monats sollte uns Antwort gegeben sein, Erlaubnis oder Absage. Also gebt uns das Resultat.« – »Hört auf mit unerlaubten Gottesdiensten!« war wieder seine Antwort. »Sie können gehen.« Er ging. Von Pastor Bachmann wußte Pastor Schäfer, wie er handeln mußte: Man muß anklopfen, anklopfen, anklopfen. Aber die Behörden taten nichts. Und immer mehr Gläubige kamen. So verging ein Jahr nach dem anderen im Kampf. Aber Pastor Schäfer und die Brüder gaben nicht auf. In und um Karaganda entstanden immer mehr Gemeinden. Bruder Leopold Schuh betreute bis zu 10 Gemeinden, die außerhalb von Karaganda lagen. Auch in der Stadt Saran waren zwei Evangelisch-Lutherische Gemeinden. Der junge Bruder Karl Seiler und andere bereiteten die Konfirmanden vor und luden Pastor Schäfer ein, die Gemeinde zu besuchen. Den Atheisten gefiel dies natürlich nicht. Pastor Schäfers Einfluß griff immer weiter um sich. Der Kampf um ein Bethaus wurde immer heftiger. Von neuem mußten Listen eingereicht werden, aber darüber vergingen Jahre. Die Obrigkeit der Stadt gab aber keine Erlaubnis.

1967 besuchte ich auf Bruder Karl Seilers Einladung hin wieder die Gemeinden in Saran, Aktas, Wosmidominsk, Schachtinsk und kehrte auch in Karaganda bei Pastor Schäfer ein. Er und seine Frau freuten sich immer, wenn wir beisammen sein konnten. »Gut, daß du gekommen bist. Heute abend kommen viele Brüder zu uns. Wir wollen doch ein Bethaus bauen. Der Rayon hat uns ein Landstück angeboten.« Am Abend kamen 36 Brüder aus 36 Gemeinden und Gruppen und brachten das gespendete Geld. Zwei Stunden hatten wir eine Unterredung, denn viele Fragen mußten beantwortet werden.

So wurden sich die Brüder in Karaganda einig, ein Bethaus anzuschaffen. Es wurden zwei Männer gewählt, die über das Konto verfügen sollten. Und am nächsten Tag wurde das Geld von den Brüdern aufs Konto gelegt, aber die Obrigkeit der Stadt nahm das angebotene Stück Land wieder zurück mit der Begründung, daß unter diesem Grundstück früher Kohleschächte gewesen seien, so daß das Haus einmal einfallen könnte. Erst nach drei Jahren bekamen die Gemeinden in Karaganda durch ihre unermüdliche Antragstellung ein Grundstück, auf dem sie ein Haus bauen konnten. Sie wurden registriert und konnten ihre Gottesdienste und alle Amtshandlungen mit Pastor Schäfer abhalten.

1970 besuchte ich diese Gegend wieder aufgrund einer Einladung von Bruder Karl Seiler. Wir schauten auch nach den Gemeinden in Aktas und Schachtinsk. Auf dem Rückweg kehrte ich bei Pastor Schäfer ein und übernachtete bei ihm. Er erzählte mir, daß überall, wo er seinen Dienst tat, Spitzel anwesend wären. Sie verleumdeten ihn beim Vorsitzenden des Rates für religiöse Fragen, er halte antisowjetische Predigten. Pastor Schäfer und seine Familie wurden unaufhörlich schikaniert und mit anonymen Briefen belästigt, in denen sie bedroht wurden. Ich sagte ihm: »Schreiben sie mir einen Bericht in russischer Sprache über die Grobheiten und Schikanen der Staatsbeamten und über die verschiedenen anonymen Briefe und Drohungen. Ich will damit und auch mit verschiedenen anderen Briefen aus den anderen Gemeinden nach Moskau zum Obersten Sowjet gehen.« Auch die Brüder Leopold Schuh und Karl Seiler wurden vielseitig angegriffen. Bruder Schuh sagte: »Ich reagiere gar nicht mehr auf das alles. Ich bin alt und tue, so viel mir Gott Kraft schenkt, die Arbeit überall dort, wo ich eingeladen werde.« Auch er hatte schon 10 Jahre Gefängnis hinter sich.

Pastor Friedrich Schäfer wurde zum Ortsobersten für Religiöse Fragen vorgeladen wegen der Klagen, die vor den Obersten Sowjet gekommen waren. Er bejahte, daß er geklagt habe. Da wurde ihm eine dicke Mappe gezeigt: »Das ist das Material über dich, und es wird bald zur Beschuldigung reichen!« Aber vorgelesen wurde ihm nichts. Von seiten des Vorsitzenden für religiöse Fragen wurde es ruhig. Aber der KGB und seine Spitzel wurden immer heftiger mit Drohungen und häßlichen Briefen. Pastor Schäfer erkannte die gefährliche Situation und wanderte 1972 in die Bundesrepublik aus. Bruder Karl Seiler mußte auch auswandern, denn er war zu sehr unter der Jugend und auch in anderen Gemeinden im Umkreis tätig. Auch in Deutschland war Karl Seiler dann fleißig an der Arbeit, er kannte keine Müdigkeit im Auslegen und Verkündigen des Wortes Gottes. Er war viele Jahre ein aktiver Mitarbeiter in der Kirchlichen Gemeinschaft in Bad Sooden-Allendorf. Bei vielen Zusammenkünften organisierte Karl Seiler schnell einen Chor und brachte in den Pausen vielen Leuten mit den Liedern Segen. Er ist nach schwerem körperlichem Leiden am 07.02.96 in die Ewigkeit heimgegangen. Die Gemeinde in Offenburg, wo er zuletzt diente, mußte einen von Gott gesegneten Bruder hergeben.

Vom Kerkermeister zum Prediger

Als in Riga das Lutherjubiläum gefeiert werden sollte und dazu auch zehn Älteste und Gemeindeleiter aus Rußland eingeladen werden konnten, sollte Superintendent Harald Kalnins eine Vorschlagsliste ins Ministerium für religiöse Fragen bringen. Als Minister Tarasow in Moskau die Liste durchsah, hatte er meinen Namen gestrichen. Superintendent Kalnins lud mich aber privat zu sich ein, so daß ich die Jubiläumsfeier doch miterleben konnte. Lettland gehörte damals zur Sowjetunion, so daß ich keinen Auslandspaß brauchte. Ich fuhr mit meiner Frau und unserer Tochter Olga nach Riga, wir wohnten aber dort bei der Schwester meiner Frau.

Am 7.10.1983 kam ich abends ins Hotel, wo unsere rußlanddeutschen Brüder untergebracht waren. Dort fragte mich ein Bruder erstaunt: »Erich Schacht? Wo hast du in der Trudarmee gearbeitet?« – »In Kirowsk.« – »Kennst du mich?« fragte er. Ich sagte: »Die Stimme scheint mir bekannt zu sein, aber sonst weiß ich nicht.« – »Warst du im 9. Lager in Kirowsk?« – »Ja!« – »So,« sagte er, »ich bin Johannes Riesen.« Es durchzuckte mich. Ich schaute ihn genau an und erkannte ihn. Ja, das war mein früherer »Kerkermeister« im Lager 9, und jetzt ist er Prediger in Karaganda, der größten Evangelisch-Lutherischen Gemeinde Rußlands.

Ich erinnerte mich wieder ganz klar: Johannes Riesen war während des Krieges Offizier der Roten Armee. Weil er Deutscher war, wurde er aus der Armee entlassen. Im Januar 1942 wurde er zur Trudarmee eingezogen und wurde »Kerkermeister« im Lager 9 in Kirowsk. Und ich saß 1943 bei ihm im Gefängnis. Da wollte ich doch zu gerne wissen, ob Johannes wirklich eine Umkehr in seinem Leben vollzogen hatte. In Riga konnten wir uns nicht darüber unterhalten, denn er hatte Magenblutungen bekommen und konnte deshalb die Gottesdienste nicht mitmachen. So mußte er mit seiner Frau im Hotel bleiben.

Am 10. Oktober sollten wir Brüder aus Rußland morgens unseren Superintendenten H. Kalnins in der Wohnung besuchen. Frau Kalnins holte mit ihrem Auto auch Riesens vom Hotel ab und brachte die beiden am Schluß zum Flughafen. Jeder bekam noch einige christliche Erbauungsbücher mit, die die Brüder vom Ausland mitgebracht hatten.

Riesens Frau Emilie hatte uns den Lebenslauf ihres Mannes so erzählt: »1945 wurden neue Häftlinge zu ihm ins Gefängnis gebracht, die zu 25 Jahren Haft verurteilt waren. In einer Nacht demontierten die Häftlinge den Heizofen, der aus Ziegeln gemauert war, um ins Innere des Baus zu dringen. Sie wollten den Wächter und den Kerkermeister Riesen umbringen, dann die anderen Häftlinge befreien und fliehen. Alle Gefängnisse waren außerhalb des Lagers. Der Wächter sah, daß der Ofen gestürmt wurde, und ergriff die Täter. Aber seit jener Nacht hatte der Kerkermeister keine Ruhe mehr. Wenn der Wächter nur einige wenige Minuten später die Gefahr entdeckt hätte, wäre sein und des Wächters Leben zu Ende gewesen.

Johannes griff zur Bibel, die dem Bruder Heinrich Tissen im Arrest weggenommen worden war und las fleißig darin. Vielleicht las er auch das Kapitel 16 der Apostelgeschichte. Noch an jenem Tag legte er sein Amt als Kerkermeister nieder. So sehr ihn auch die Obrigkeit drängte – er sagte ab. Dann wurde er bedroht, seine Entscheidung würde ihm noch leid tun. Johannes wurde in eine Waldbrigade gesteckt, wo er bei kärglicher Speise schwere Waldarbeit verrichten mußte. Im Sommer 1946 wurde er nach Dymnoje Boloto geschickt, um Heu zu machen. Die Behausung war menschenverachtend eingerichtet. Das Essen war schlecht, so daß viele dort starben. Johannes aber wurde als Fahrer angestellt, um das Heu abzutransportieren. Da kam er mit Einwohnern zusammen, von denen er täglich etwas zu essen bekam und sich so erholen konnte. Aber nach der Heuernte mußten alle, die noch am Leben waren, wieder ins Lager zurück und weiter die schwere Waldarbeit bei spärlicher Kost leisten.

Im Mai 1947 wurde Johannes entlassen und konnte wieder mit

seiner Familie zusammenleben. »Ich habe meinen Johannes kaum erkannt, als ich ihn wieder sah«, sagte seine Frau Emilie. »Unser Kind war schon sieben Jahre alt, als es zum erstenmal seinen Vater sah. Johannes hatte sich ein Magenleiden zugezogen. Aber bei guter Kost kam er bald wieder auf die Beine und arbeitete in Krasnojar Atschinsk als Schlosser in der Kohlengrube.«

»1956 zogen wir nach Karaganda« so erzählte sie weiter, wo meine Mutter wohnte. Johannes ging wieder in die Kohlengrube zum Arbeiten. Eines Tages sagte meine Mutter: ›Emilie, es gibt so schreckliche Unfälle in den Kohlengruben. Viele sind gar nicht bereit für die Ewigkeit, auch ihr müßt dazu fertig sein, ihr müßt zum Gottesdienst gehen‹. Wir folgten dieser Aufforderung. Gleich in der ersten Zeit war das für uns sehr wichtig. Schwester Alwine Fink las die Predigt. Es waren zwar auch Männer in dieser Gemeinde, aber sie fürchteten sich. Johannes schaffte sich eine Bibel an, denn Tissens Bibel war in der Trudarmee geblieben. Wir lernten Lieder, Biblische Geschichten und bereiteten uns auf die Konfirmation vor. 1965 wurden wir von Pastor Schäfer an einem Tag getauft, konfirmiert und getraut. Seitdem wuchsen wir in un-

Dr. Carl Mau vom LWB besucht die Gemeinde in Karaganda (3. von rechts, ist Johannes Gudi und 4. von rechts ist Johannes Riesen; in der Mitte hinten Dr. Heinrich Rathke).

serem Glaubensleben. Johannes hatte ja noch in der Schule und im Technikum Deutsch gelernt, so daß er gut lesen und schreiben konnte. Die alte Schwester Alwine wurde öfters krank. Da überwand sich dann Johannes, die Predigt zu lesen. Und als Schwester Alwine starb, mußte Johannes sie sogar beerdigen, seine erste Beerdigung, die er halten mußte.«

Im Jahr 1969 bekam die Gemeinde in Karaganda Erlaubnis, sich ein Haus zu bauen. Pastor Schäfer konnte die viele Arbeit nicht allein verrichten, da half Johannes Riesen mit bei Bestattungen und Gebetsversammlungen. Das Bethaus war fertig, aber schon bald war es zu klein. Zweimal mußte sonntags Gottesdienst gehalten werden. Am Mittwoch und am Sonnabend waren Gebetsversammlungen. Den Atheisten gefiel dies aber nicht, und so setzten sie Pastor Schäfer hart zu. Nach 16 Jahren Dienst in Karaganda wanderte Pastor Schäfer, der von den Atheisten ganz kaputt gemacht worden war, 1972 nach Deutschland aus. Nach ihm wählten die Brüder in Karaganda Johannes Riesen zum leitenden Bruder der Gemeinde. Johannes Riesen wußte um den Ernst des Dienstes, hatte aber in den Brüdern Fuchs, Nazarenus, Johannes Gudi, Reusch und anderen gute Gehilfen.

Als sich die Zeiten änderten und Brüder aus verschiedenen Ländern die Gemeinden in Rußland besuchen konnten, waren sie oft Gäste im Hause Riesen und in der Gemeinde. Die Gesundheit vom Bruder Riesen wurde schlechter. Ein paarmal mußte er operiert werden. Am 13.6.1987 starb er und wurde von Bruder Johannes Gudi bestattet. Es war ein großer Trauerzug vom Bethaus zum Friedhof. Gott verändert noch heute Menschenherzen. So wurde aus dem »Kerkermeister« ein Diener im Weinberg des Herrn, der noch 15 Jahre lang in der Gemeinde aktiv mitarbeitete.

Nach dem Tod von Prediger Riesen wurde Bruder Johannes Gudi, der schon seit Anfang der sechziger Jahre im Dienst für die Gemeinde stand, zum Gemeindeleiter gewählt. Er betreute die Gemeinde in Karaganda als Pastor vom Jahr 1987 an, bis auch er 1991 in die Bundesrepublik auswanderte. Sein Dienst beschränkte sich nicht nur auf die Gemeinde in Karaganda, sondern auch auf viele andere Gemeinden, die Bruder Gudi in Rußland oft besuchte. Wenn er wegen seiner Besuche von der Obrigkeit vorgeladen

wurde, sagte er: »Ich wurde eingeladen. Und da muß ich helfen.«
Alle Drohungen richteten nichts aus. Pastor Gudi war viel auf Reisen und arbeitete fleißig in seiner Gemeinde.

Pastor Reinhold Rode, Gemeinde Prochlandny im Kaukasus

Reinhold Rode wurde am 26.04.1909 im Dorf Konstantinowka Tomaschowa als Sohn eines Bauern geboren, siedelte aber später ins Dorf Prischib in der Ukraine über, wo er zur Evangelisch-Lutherischen Kirche gehörte. Dort lernte er seine Frau Olga kennen, die er im Jahr 1932 heiratete. Zu ihrer großen Freude wurde ihnen 1933 der Sohn Helmut geboren, aber die Freude währte nicht lange. Schon 1935 wurde Rode von der GPU verhaftet und als Konterrevolutionär zu sechs Jahren Straflager verurteilt und nach Norilsk in den hohen Norden gebracht. Als dann der Zweite Weltkrieg ausbrach, wurde er nicht entlassen und mußte bis zum Kriegsende noch weitere 12 Jahre Lagerleben abbüßen und dann als Deutscher noch bis 1955 unter der Kommandantur im Norden bleiben. Seine Frau Olga, die mit ihrem Sohn Helmut während des Kriegs nach Deutschland kam, wurde von den russischen Solda-

Pastor Reinhold Rode (erster von rechts) mit Familie

ten wieder zurück nach Rußland transportiert und in den hohen Norden verbannt, wo sie unmenschlich schwere Waldarbeit tun mußten. Nach vielem Suchen fand Rode schließlich seine Familie und konnte sie zu sich nach Norilsk nehmen. Inzwischen waren 16 Jahre vergangen. Erst 1955 konnten sie den Polarkreis verlassen und zogen in das Gebiet Semipalatinsk. Nach drei Jahren siedelten sie ins Dorf Selenokumsk im Kaukasus über. In dieser langen Zeit war es diesem Ehepaar nicht möglich, an einer christlichen Gemeinschaft teilzunehmen. Um so mehr freuten sie sich, daß sie endlich in Selenokumsk mit Christen zusammen sein konnten. Bruder Rode hielt heimlich Gottesdienste und Gebetsversammlungen. Als er die Anschrift von Oberpastor Kalnins bekam, besuchte er mit der ganzen Familie Riga. In der Jesus-Kirche wurden dann auch Helmuts Kinder getauft.

Oberpastor Harald Kalnins machte Pastor Arthur Pfeiffer auf die Familie Rode in Selenokumsk aufmerksam. Rode sei ein gläubiger und begabter Mann, der für die Arbeit im Weinberg des Herrn gut geeignet sei. Pastor Pfeiffer machte sich brieflich mit ihm bekannt, und ihm wurde bald bewußt, daß Rode ein Mann des Glaubens sei. Er sandte ihm christliche Bücher und ermunterte

Sängerchor aus Prochladny

ihn, allen Fleiß daranzusetzen, ein vollmächtiger Verkündiger der Frohen Botschaft zu werden. Bruder Rode machte bald einen Besuch bei Pastor Pfeiffer in Moskau, wo er noch alle nötige Literatur bekam, die er zum Lernen brauchte.

1962 mußte ich wieder wegen meines Rheumas nach Pjatigorsk im Kaukasus zur Kur fahren. Pastor Pfeiffer bat mich, Familie Rode dabei in Selenokumsk aufzusuchen. Die Gemeinde kam in den Häusern zusammen. Als ich später meine Freude über Rodes Familie äußerte, war Pastor Pfeiffer sehr froh und sagte: »Schließ ihn auch in deine Fürbitte ein.« Und Gott segnete den lieben Bruder.

In der Stadt Prochladny versammelte sich auch eine Gemeinde, die aber von Atheisten und Sektierern heftig angegriffen wurde. Pastor Pfeiffer bat Bruder Rode, nach Prochladny zu ziehen und dort der Gemeinde beizustehen. Der Kirchenvorsitzende Bruder Koch sah in Bruder Rode einen im Glauben starken Mann. So arbeiteten sie beide furchtlos zusammen, um die Gemeinde nicht von anderen Mächten überwältigen zu lassen. 1968 sah Pastor Pfeiffer es für gut an, Reinhold Rode ins Amt des Pastors einzuführen. Nach vieljährigen Vorbereitungen wurde Bruder Rode von Pastor Pfeiffer ordiniert und als lutherischer Pastor über das Gebiet Kaukasus eingesetzt. Als die atheistischen Behörden sahen, daß sich immer mehr Gemeinden im Kaukasus zusammenfanden, schlugen sie die Trommel zum Kampf gegen die Gemeindeleiter. Es wurden gottlose Widersacher in die Gemeinde eingeschleust, die mehr Schaden brachten, als die Atheisten und der KGB von außen anrichten konnten. Vielseitig wurde Pastor Rode angegriffen. Im Sängerchor der Gemeinde war ein Mann namens Gutwin, der viel Ärger und Unheil anrichtete. Er hatte engen Kontakt mit dem KGB. Verschiedene Lügen wurden aufgebracht und über Pastor Rode verbreitet. Durch Briefe von KGB-Beamten wurde er aufgefordert, er solle sein Amt niederlegen. Pastor Rode informierte darüber Pastor Pfeiffer und bat um Hilfe.

Zu der Zeit wohnte Pastor Johannes Schlundt in Luga bei Leningrad. Bischof Jonas Kalvanas aus Litauen beschenkte Pastor Schlundt mit einem Talar, mit Abendmahlsgeräten, christlichen Büchern, Oblaten und allem Nötigen. Pastor Pfeiffer wußte das und bat ihn, an die Arbeit im Reich Gottes zu gehen. »Der wird die beste Hilfe bei Rode im Kaukasus sein«, sagte Pastor Pfeiffer. Die Gemeinde mußte eine Einladung an Pastor Schlundt schreiben, aber der zögerte. Auch ich schrieb ihm einige Briefe, er möge doch nach Prochladny gehen. Auch Pastor Eugen Bachmann sprach mit ihm darüber. 1970 entschloß er sich endlich, nach Prochladny überzusiedeln. Freudig wurde er von Pastor Rode empfangen. Das Haus, das er sich kaufte, wurde von Helmut Rode und anderen Brüdern gut renoviert. Aber als Pastor Schlundt den Angriff der Atheisten und der Obrigkeit merkte, zog er sich im Kampf gegen den Christusfeind zurück. Er ging auch nicht zur Gemeinde in den Gottesdienst. Das gab den Angreifern noch mehr Mut, gegen Pastor Rode mit Lügen vorzugehen und sich gegen die Gemeinde zu erheben. Pastor Rode aber informierte Pastor Pfeiffer. Der bat mich, eilend die Gemeinde in Prochladny zu besuchen. Er gab mir einen Talar mit Beffchen und Brustkreuz und sagte: »Du sollst am Sonntag vor dem Gottesdienst Pastor Rode in der Gemeinde vor dem Altar ankleiden, ihm angesichts der Gemeinde das Brustkreuz anlegen und ihn der Gemeinde als ihren Pastor empfehlen.« Denn Pastor Rode war in der Wohnung von Pastor Pfeiffer in Moskau ordiniert worden, aber zu jener Zeit hatte Pastor Pfeiffer keinen Talar und keine Abendmahlgeräte zur Verfügung, die er ihm hätte geben können. Wir knieten beide nieder, und Pastor Pfeiffer betete sehr herzlich, der Herr Jesus möge sich erbarmen und dem Ärgernis in der Gemeinde zu Prochladny wehren. Ich fuhr mit dem Schnellzug und kam am Sonnabend bei Rodes an. Die Brüder und Schwestern freuten sich, als ihnen kundgetan wurde, was bevorstand. Das Haus von Schwester Dening, das sie zum Bethaus der Gemeinde gemietet hatten, wurde geschmückt. Wie ein Lauffeuer zog die Kunde noch bei Nacht zu den Gemeinden in den umliegenden Dörfern. Am Sonntagmorgen fanden sich so viele ein, daß sie das Haus nicht fassen konnte. Nach dem Lied 691 aus dem Wolgagesangbuch bat ich Pastor Rode vorzutreten, kleidete ihn an und legte der Gemeinde ihren Hirten ans Herz mit den Worten dieses Liedes aus dem Wolgagesangbuch:

»Wie liebst du doch, o treuer Gott! die Menschen auf der Erden;
du lässest ihnen dein Gebot und Willen kundbar werden;
du pflanzest dein so teures Wort durchs Predigtamt beständig fort,
das uns zur Buße locket.

Nun Herr! du woll'st uns gnädig sein und immer Lehrer geben,
die heilig, unverfälscht und rein im Lehren und im Leben.
Verleih uns deinen Geist, daß wir sie fröhlich hören,
und allhier auch heilig darnach leben.
Laß uns den Lehrern, so dir treu, gehorsam sein, sie lieben;
und ihnen ohne Heuchelei zu folgen, treulich üben;
sie wachen auf des Herrn Befehl und müssen wegen unserer Seel
einst schwere Rechnung geben.
Regier uns auch, daß wir sie nun versorgen, lieben, ehren;
daß sie ihr Amt mit Freuden tun und nicht mit Seufzen lehren;
denn solches ist uns ja nicht gut, wenn jemand ihnen Übles tut,
dafür behüt uns gnädig.«

Über dieses Lied hielt ich der Gemeinde eine Ermahnung, die dankend aufgenommen wurde. Dann kniete Pastor Rode nieder, empfing den Segen und hielt danach den Gottesdienst. Der Sänger Gutwin wollte Unruhe machen, wurde aber von den Brüdern aus dem Bethaus geführt. Die Gemeinde aber war froh über Pastor Rodes segensreichen Gottesdienst. Die Gemeinde wuchs ständig.

Pastor Pfeiffer hatte mich gebeten, nach dem Gottesdienst auch Pastor Schlundt zu besuchen und ihn zu fragen, warum er nicht in der Arbeit mit zupackte, denn er nahm nicht an den Gottesdiensten teil und stellte auch nicht die ihm seinerzeit geschenkten Abendmahlsgeräte zur Verfügung. Pastor Schlundt antwortete mir: »Ich will mich nicht durch die Registrierung binden lassen.« So lebte Pastor Schlundt zwar von 1970 bis 1973 in Prochladny, nahm sich aber keiner Gemeinde an. 1973 ist er in die Bundesrepublik ausgewandert.

Unter der Leitung von Pastor Rode und dem Vorsitzenden der Gemeinde, Bruder Koch, und vieler anderer Brüder wurde 1972 ein Haus gekauft und zum Bethaus umgebaut. Viele Strapazen, Grobheiten und Schikanen mußten sie noch über sich ergehen lassen, bis ihnen die Registrierung gewährt wurde und das Bethaus fertig war. Viele Jugendliche fanden zu Jesus. Der Sohn des Pastors, Helmut Rode, half fleißig am Bau des Bethauses mit und sang auch mit seiner Frau Elvira im Chor mit. Auch in anderen Städten und Dörfern gab es Erweckungen. Und so wurden Gemeinden in Opytnaja Stanzija, Maiskij, Nowopokrowka, Nartkala-Totschukina, Selenokumsk, Anapa, Proletarka, Wienogradnoe gegründet. Alle diese Gemeinden besuchte Pastor Rode und bediente sie. Weil aber die Gemeinden zunahmen, wurden die atheistischen Behörden immer wütender. Solche Leute wie Gutwin schrieben dem KGB, daß Pastor Rode antisowjetisch predige. So wurde Pastor Rode ständig schikaniert und seiner Familie brieflich und mündlich dauernd gedroht. Über zehn Jahre lang ertrug er seinen schweren Dienst im Kaukasus. 1977 ist er mit seiner ganzen Familie in die Heimat nach Deutschland ausgewandert. Er lebt heute mit all seinen Verwandten in Lüdenscheid. Nach Pastor Rode leitete Bruder Wiese die Gemeinde. Im Herbst 1977 besuchte Oberpastor Kalnins mit Dr. Paul Hansen die Gemeinde in Prochlandnoje.

Erster Besuch von Pastor Dr. Hansen in Prochlandnoje, Kaukasus, sitzend; erster von rechts zweiter Oberpastor H. Kalnins und Br. Koch

II. Erkenntnisse

Nun habe ich, Erich Schacht, Sohn des Gottlieb Schacht, im 82. Lebensjahr aus meinem langen und reichen Leben erzählt. Meine Erfahrungen und Erinnerungen haben mich stark bewegt, als ich dies alles niederschrieb. Es ist für mich ein Geschenk Gottes gewesen, daß ich durch all die Nöte und Strapazen hindurch Gottes Gnade und Hilfe erfahren durfte. Ich kann ihm nicht genug danken. Er hat mich vom ewigen Tode errettet durch seinen Sohn Jesus Christus. Auf Gott habe ich mein Leben aufgebaut. Ihm will ich nun auch im Alter vertrauen. Durch Jesus wird die Stunde meines Todes der Eingang zum ewigen Leben sein.

In der ewigen Herrlichkeit wird Jesus Christus alles in allem sein. Ich freue mich auf das Wiedersehen mit vielen lieben Menschen, die mir Wegbegleiter und auch Glaubensgenossen waren. Wenn der Teppich unseres Lebens fertig gewebt ist, werden wir ihn von der Knüpfseite weg umdrehen und staunen, was daraus geworden ist. Gott, der Meister unseres Lebens, sieht uns schon von dieser Sichtseite her. Wenn wir bei ihm sind, werden auch wir diese Sicht haben. Dann werden wir verstehen, warum dieses und jenes in unserem Leben so gewesen ist und nicht anders. Wir werden ihm recht geben, warum er so und so gehandelt und uns auch manchen Weg verbaut hat, auch wenn wir solchen erbeten hatten.

Unser Leben wird aber immer Stückwerk bleiben. Es müssen noch die Fäden vernäht und das ganze eingesäumt werden. Wenn der Herr selber das Stückwerk vollendet hat, dann legt er es aus der Hand, dann erst sind wir fertig. So darf ich mich selbst und meine Familie, meine Freunde und Bekannten, meine Kirche und ihre Gegner in die gestaltende Hand meines Gottes befehlen. Es sei mir nun noch ein letztes Kapitel mit ein paar Erkenntnissen erlaubt.

Das versprochene Paradies

Die gottlose, kommunistische Regierung wollte die Menschen Rußlands zu einer neuen Gesellschaft erziehen. Die Lehren von Marx und Engels, von Darwin, Lenin und Stalin, die die Menschen zu Freiheit, Gerechtigkeit und gleichem Lebensstandard bringen sollten, erwiesen sich als falsch. In Wissenschaft und Technik wollte man alle anderen Systeme in der Welt überragen

– und dies ohne Gott. Doch es erwies sich bald, daß solche Lehren und Dogmen zwar wirklich andere Menschen schufen, aber nicht solche, die das Heil und mehr Menschlichkeit brachten, sondern solche, die durch den Geist des Bösen ungöttlich wurden, Menschen, die unbarmherzig, diebisch, unzüchtig, mörderisch und mit aller Grausamkeit herrschsüchtig waren. So wurde im Lauf von 70 Jahren gottloser, kommunistischer Herrschaft eine Gesellschaft geschaffen, die alles Gute und Menschliche mit Macht abschaffte und somit in allen Bereichen das Böse in die Gesellschaft einführte. Ja, es herrschte ein ganz anderer Geist. Sobald es aber Menschen, die einen guten Geist hatten, wagten, das Unrecht ans Licht zu bringen, wurden sie durch staatliche Gesetze und die dazugehörigen Einrichtungen verfolgt und verurteilt. Es gab Geldstrafen, Verbannung nach Sibirien, den eisigen Norden oder den Fernen Osten, Verschleppung in Urgebiete oder Freiheitsentzug bis zu 25 Jahren in Gefängnissen oder Straflagern mit den Marterungen schwerer Arbeit bei Hunger und Kälte, wenn nicht gar Liquidierung durch Erschießen. Im ganzen großen Lande herrschte unbarmherzige Sklavenarbeit. Den Arbeitern und Bauern reichte das Einkommen nicht. So war überall Hungersnot. Der totale Mangel war der ewige Gast in der Gesellschaft.

Aber nicht alle traf das Unheil gleichermaßen. Die Funktionäre, die am Ruder waren, hatten alle Möglichkeiten, ihre Hände nach dem Staatseigentum auszustrecken und sich zu bereichern, soviel sie wollten. Selbst den Bauern, die fleißig arbeiteten und ihr Land gut bestellten und durch Gottes Segen reichlich Früchte einbrachten, blieb oft nur das Wenigste zum Leben. Alles hat man ihnen am hellichten Tag weggeraubt. Man nahm ihnen das Land und das Vieh, den Hausrat und die landwirtschaftlichen Maschinen, die Lebensmittel und die Wintervorräte. Die Männer wurden in die Gefängnisse oder Lager entführt und die Familie nach Sibirien verschickt, wo die meisten dem Frost, dem Hunger oder der schweren Arbeit erlagen.

Viele Ländereien lagen brach. Mit der Kollektivwirtschaft wollten die Ideologen und Politiker der übrigen Welt eine Erneuerung und Errungenschaft vorführen. Die verbliebenen Bauern mußten ihre Landwirtschaft in eine Kolchose einbringen. Dort befanden sich schon das Vieh und die Pferde und die landwirtschaftlichen Geräte der Enteigneten und Verbannten. Aber für das Futter im

Winter war nicht gesorgt, denn die Vorsitzenden der Kolchosen waren keine bäuerlichen Fachleute, sondern Kommunisten aus der Stadt. 50.000 solcher Funktionäre hatte die Kommunistische Partei erwählt und eingesetzt, von denen die meisten noch nicht einmal zwischen Weizen und Hafer unterscheiden konnten. Der Winter ging zu Ende und der Frühling kam. Das Futter fürs Vieh ging der Neige zu. Erst wurde rationiert. Aber die Kühe gaben keine Milch mehr. Die Pferde konnten nicht mehr aus eigener Kraft aufstehen.

Einmal mußten wir Schüler der siebenten Klasse zu den Ställen gehen, um die Pferde auf die Beine zu stellen. Wir haben drei lange Knüppel unter ein Pferd geschoben. Es stöhnte so, als wollte es sagen: Ihr tut mir weh. Dann nahmen wir sechs Jungen die Enden der drei Stangen und halfen dem Pferd aufzustehen. Es schwankte noch ein bißchen hin und her. Einer von uns meinte: »Dieser Wallach wird heute noch ein bißchen arbeiten können.« – »Na und du, Brauner, hast ja so den Hals gestreckt, du willst nimmer in der Kollektive arbeiten, du gehst in den Hungerstreik.« Aber der Braune regte sich nicht. »Jetzt ist er tot. Das war das schöne Pferd von Karl Roch.« Wenn ich mich daran erinnere, kommen mir die Tränen in die Augen. Kühe und Pferde krepierten vor Hunger, und wir durften nichts sagen, sonst wären wir als Feinde des Kolchos verklagt worden und ins Gefängnis gekommen.

Die Erde war sehr ausgedörrt. Die Frühjahrsaussaat aber konnte nur noch von einigen Pferden auf dem Land bestellt werden. So blieb das Land eben brach liegen, obgleich die Menschen in Stadt und Land zu essen haben wollten. Dann kamen Kommissionen aus den Städten in die Dörfer. Es mußte geprüft werden, wo die Leute vom Land all die Frucht hingeschafft haben könnten. Alle Höfe wurden durchsucht, wo etwas verwahrt sein konnte. Mit spitzen Eisenstöcken haben sie in die Erde gestochen und in den Scheunen und Misthaufen fleißig gesucht. Auf den Dachböden oben wurde alles zusammengefegt und das letzte Mehl weggenommen. »Die werden sich schon selbst das versteckte Getreide hervorholen,« war die Parole. Vom Dachboden bis zum Keller, von der Scheune bis zum Stall wurde alles leergeräumt und zur Stadt gefahren. Den Bauern blieb nur, daß sie sich die vorjährigen Kartoffeln auf dem gefrorenen Feld suchen mußten. Die konnte man notfalls noch essen.

Eines Tages kamen aus dem Dorf Fassowaja Rudnaj eine große Menge ukrainischer Leute zum deutschen Dorf Krasnaja Retschka gelaufen, alle bewaffnet mit Dreschflegeln, Mistgabeln, Knüppeln und Harken. Sie liefen durch unser Dorf ins Lagerhaus. Dort hatten staatliche Behörden noch Reserven für die Frühjahrsaussaat gelassen. Die hungernde Masse nahm alles, was nur eßbar war, mit. Nach zwei Stunden war in diesem landwirtschaften Lagerhaus nichts geblieben, was man zur Frühjahrsaussaat gebraucht hätte.

Abschied

Meine Frau Lydia litt über Jahre an einer Krankheit, die in Rußland nicht diagnostiziert werden konnte. Erst hier in Deutschland hat man 1990 die Ursache festgestellt und auch operiert. Ein Jahr lang fühlte sich meine Lydia besser. In dieser Zeit konnten wir beide hier in Bad Sooden-Allendorf bei der Kirchlichen Gemeinschaft noch mit helfen. Wir konnten christliche Literatur verpacken und nach Rußland senden. Die Krebserkrankung aber verbreitete sich bei Lydia immer mehr. Oft wurde ihr Blut zugeführt. Am 14. September 1992 ging sie zu ihrem himmlischen Vater heim. Es wurde aber vorher noch ihr Wunsch erfüllt, daß sie alle unsere Kinder sehen durfte. Acht Tage lang konnten unsere Kinder von Rußland sie betreuen und ihr behilflich sein. Ihre letzten Worte zu den Kindern waren: »Haltet euch nur an Jesus!«

Dr. Timme, ein Arzt in Deutschland

Im Frühjahr 1992 mußte auch ich ins Krankenhaus nach Eschwege. Dr. Timme, der mich untersuchte, sagte mir, daß ich operiert werden müsste. Auch mein Bettnachbar wurde für seine Operation vorbereitet, in der er ein neues Hüftgelenk bekommen sollte. Der Patient spendete noch selbst Blut, um Eigenblut zu bekommen, wenn es nötig würde. Bald darauf kam Dr. Timme mit anderen Ärzten und Schwestern in unser Zimmer zur Visite. Er fragte meinen Nachbarn: »Morgen bereiten wir alles vor, um Sie zu operieren, sind Sie damit einverstanden? Haben Sie

Vertrauen auf den lieben Gott?« Ich bemerkte, daß diese Frage für den Mann unerwartet kam, aber schnell und laut antwortete er: »Ja!« – »Das ist gut,« sagte Dr. Timme und alle hörten es. Für mich war dieses Erlebnis überraschend, denn in Rußland hätte ein Arzt nie so gesprochen. Wir unterhielten uns beide noch lange über die Frage: Haben sie auch Vertrauen auf den lieben Gott?

So erlebte dieser Patient selbst noch im Krankenhaus den Segen Gottes. Am Montag wurde er operiert und am Sonnabend konnte er schon in Begleitung einer Schwester und auf zwei Krücken gestützt auf dem langen Gang langsam Schritt für Schritt gehen. Ich dankte Gott, daß ich das im Krankenhaus erleben konnte.

In Rußland wurde ich Anfang des Krieges 1941 in die Arbeitsarmee eingezogen. Wir befanden uns alle im Lager unter strenger Bewachung. Mit Wachmännern wurden alle zur Arbeit und wieder zurück gebracht. Ich war Krankenwärter im Krankenhaus, das war meine Arbeit. Das Krankenhaus war lediglich eine große Baracke aus Rundhölzern. Die Betten waren doppelstöckig. Es gab keine besonderen Zimmer für Untersuchungen und Behandlungen. Aber ein extra Sterbezimmer gab es mit 16 Pritschen. Die Ärzte Dr. Neuwert, Dr. Hoffmann, Dr. Kalmbach und andere hatten viel Arbeit. Von den 180 Patienten im Krankenhause starben oft über Nacht mehr als 20 Männer. Ich mußte an allen Tagen bei der ärztlichen Untersuchung dabei sein. Aber da hätte keiner von den Ärzten es gewagt, einen Kranken zu fragen: »Hast du Vertrauen auf den lieben Gott?« In Eschwege aber wurde vor der Operation der Pfarrer eingeladen, um ein seelsorgerliches Gespräch mit den Schwerkranken zu führen. Ja, das ist ein Segen.

Dank und Freude

In der Zeit als ich meine Erinnerungen hier in Bad Sooden-Allendorf aufschrieb, wurde ich gebeten, eine Bibelstunde in der Klinik »Am Hohen Meißner« zu halten. Im Saal waren viele Rheumaleidende versammelt, fast alle gingen mit Gehhilfen. Eine Stunde lang hatten die Kranken aufmerksam zugehört, und als wir zum Schluß das Vaterunser beteten, merkte ich, daß etliche nicht mitbeteten.

Das ging mir sehr zu Herzen. Es war in der Predigt auch die Rede gewesen vom Ärgernis anrichten, wenn Kinder an Gott glauben wollen. Als alle aus dem Saal gegangen waren, kam ein Mann zu mir mit Tränen in den Augen und sagte: »Ihre Auslegung über das Ärgernisanrichten hat mich sehr getroffen. Ich bin aus der DDR. Ich arbeitete als Lehrer und sagte auch den Schülern, es gibt keinen Gott. Jetzt aber erkenne ich meine große Schuld. Und wie Sie sagten, muß ich einmal vor Jesus Rechenschaft ablegen. Und da werden sicher viele kommen und sagen, der Lehrer hat uns gesagt, daß es keinen Gott gibt. Und dann stehe ich vor dem Gericht Gottes. – Wie kann mir solch große Missetat vergeben werden? Ich bin ein großer Sünder.« Ich konnte dem Lehrer sagen: »Jesus nimmt die Sünder an. Glauben Sie an ihn. Öffnen Sie Ihr Herz für ihn. Lesen sie fleißig in der Bibel, beten sie und besuchen Sie die Gottesdienste. Gewiß wird der Herr Jesus auch Ihnen Vergebung und Frieden schenken, wie vielen anderen auch.«

Es freuen sich auch heute noch sehr viele Empfänger über christliche Literatur in Deutsch und Russisch und schicken ihre Dankesbriefe. Die Kirchliche Gemeinschaft der Ev.-Luth. Deutschen aus Rußland e.V. hat große Aufgaben in Deutschland. Gott, der Herr,

v. l. Hiltrud Schmid, Lydia Wagner und Lydia Schacht

aber vermehrt die Pfunde. Der Geber dieser Talente soll einmal sagen können: »Du treuer Knecht, gehe ein zu deines Herrn Freude«.

Die Kirchliche Gemeinschaft hat unter der Leitung von Pastor Siegfried Springer, mit Ernst Schacht als Geschäftsführer und der langjährigen Sekretärin Hiltrud Schmidt für viele Christen unter den Rußlanddeutschen in Deutschland und in Rußland reichen Segen und Freude gebracht. Aber ohne die finanzielle Hilfe der Christen in Deutschland könnte diese Arbeit nicht getan werden. Wie viele Pakete wurden versandt mit Bibeln, Kinderbibeln, Gesangbüchern, Katechismen und vielen christlichen Erbauungsbüchern, wofür die Empfänger sehr dankbar sind! Das sind die wertvollen Liebesgaben zur Verbreitung der Frohen Botschaft. Meine Frau und ich konnten trotz unseres Alters noch oft beim Versand mithelfen.

Auch die von der Kirchlichen Gemeinschaft durchgeführten Veranstaltungen wie Bibelwochen und Chorrüstzeiten, die Kinder- und Jungschararbeit, viele Freizeiten und der Heimatkirchentag sind durch Gottes Segen reich beschenkt. Ich bin dem Herrn Jesus sehr dankbar, daß ich auch noch in meinem hohen Alter diese segensreiche Veranstaltungen miterleben darf.

Wenn nur die Brüder und Schwestern in der DDR und in der Bundesrepublik hätten zusehen können, wie groß die Freude bei denen war, die in Rußland die Bücher bekamen! Sie küßten die Bücher und weinten vor Freude. Hätten sie das sehen können, sie hätten vor Freude mitgeweint. In Bad Sooden-Allendorf konnte ich auch den kranken Pastor Riebeling mit seiner Frau Lilli besuchen. Beide halfen schon in den 70er Jahren bei Kirchenrat Burchard Lieberg in Kassel, Bücher für uns Rußlanddeutsche zu verpacken und zu versenden. Lilli Riebeling erzählte: »Wir beteten jedesmal, daß der Herr Jesus helfen möge, daß diese geistliche Speise auch unversehrt bei den geistlich Hungernden ankomme. Und es geschah, Gott sei Dank!« Pastor Riebeling ist im April 1993 zu Gott heimgegangen.

Rehabilitierung

Am 16. Januar 1989 wurde ein zusätzlicher Erlaß vom Obersten Sowjet der UdSSR gebilligt zur Rehabilitierung der Opfer in der

Zeit der 30er bis 50er Jahre. So schickte auch ich einen Bittbrief zur Kreisstaatsanwaltschaft in Kiew, um Vaters Rehabilitation zu erlangen. Ich bekam sie auch schon am 8.9.1989. Dann schrieb ich und bat um meine eigene Rehabilitation. Diese Genehmigung dauerte vom 1.10.1989 bis zum 19.7.1991.

Inzwischen ist die Lage der Deutschen in Rußland wieder schlechter geworden. Durch die Perestrojka haben die asiatischen Völker der Sowjetunion, wie zum Beispiel die Kasachen, Freiheitsluft verspürt. Sie drohen seither den Deutschen: »Verlaßt unser Land! Wir werden auch die Russen hinaustreiben, und dann kommt ihr an die Reihe. Euer Gesicht ist gerade so wie das Gesicht der Russen!« Viele weitere Drohungen wurden schon ausgesprochen. So begann die Auswanderungswelle. In Scharen verließen Deutsche ihr Land. Selbst die Russen konnten ihre Hetze und Flüche im Kino, im Fernsehen und in anderen Medien, in der Schule und am Arbeitsplatz nicht unterlassen, wie sie ihnen von klein auf eingeprägt worden waren. Die Versorgung an Lebensmitteln und die medizinische Betreuung war immer erst den eigenen Landsleuten zugedacht.

Die Regierung der Bundesrepublik Deutschland hat die Not der Landsleute erkannt und die Tür geöffnet, um so die lange Jahre Geplagten wieder nach Hause kommen zu lassen.

Die freundliche Aufnahme der Aussiedler in der Bundesrepublik Deutschland, die materielle Hilfe, das Erlernen der deutschen Sprache, die Freiheit im Glaubensleben, das alles machte den Rußlanddeutschen Mut zum neuen, bewußten, aufrichtigen, christlichen Leben. Die Behörden in Rußland waren aber wieder bemüht, den Deutschen erneut alles zu nehmen, was sie durch den Verkauf ihres kleinen Eigentums noch hatten erwerben können; der teure Geldwechsel, hohen Kosten für die Dokumente und vieles andere mehr beanspruchte fast alles. Sehr viele kommen krank und abgemagert nach Deutschland heim. Aber hier werden sie sogleich medizinisch betreut, und alle Arzneien werden ihnen gewährt. In kurzer Zeit kommen neue Hoffnung und neuer Mut in das Leben der heimkehrenden Familien.

Zum Schluß des zweiten Buches...

Und wie ist der geistliche Zustand der ev.-luth. Kirche in den GUS-Staaten heute? – Ich darf mit Freuden sagen, daß der Einsatz der lutherischen Kirchen Deutschlands und des Lutherischen Weltbundes für die ev.-luth. Kirche in der GUS sich gelohnt hat und weiterhin sehr von Nöten ist. Die Vertreter aus der EKD und des Lutherischen Weltbundes konnten mit Gottes Hilfe die Regierungen der GUS-Staaten dazu veranlassen, die noch verbliebenen, aber enteigneten ev.-luth. Kirchengebäude wieder an die Gemeinden zu übergeben.

So sind jetzt schon viele noch vorhandene Kirchen den Gemeinden zurückgegeben, aber alle in einem schrecklichem Zustand, ohne Renovierung völlig unbrauchbar. Siebzig Jahre lang wurden sie zu verschiedenen Zwecken (oft auch als Werkstätten) mißbraucht und nie renoviert.

Was aber sollen die klein gewordenen Gemeinden machen? Sie sind nicht imstande, die heruntergekommenen Kirchengebäude zu renovieren. Aber das Gebet der Gläubigen hat Gott erhört. Aus Deutschland und anderen Ländern kamen Menschen zu Hilfe mit Rat und Tat. Durch Spenden wurde es ermöglicht, daß einige Kirchen schon renoviert werden konnten, z.B. in Simbirsk (Uljanovsk), Samara, Prischib, Perm, St. Petersburg, Kasan, Taschkent, Alt Sarepta an der Wolga. Auch in Moskau wird die Petri-Pauli-Kirche renoviert.

Ich freue mich, daß ich auch dieses Jahr 1998 zu Ostern zusammen mit meiner Schwester Selma einige Gemeinden in Rußland besuchen konnte. Humanitäre Hilfe und Ostergottesdienste brachten viel Freude bei Alten, Kranken und in Gemeinden. Mein Ordinationszeugnis aber in russischer Sprache mußte ich in Rußland dennoch immer bei mir haben.

Ein Seniorenausflug aus acht Gemeinden zur Stadt Sysran, organisiert von Pastor Rolf Bareis und Propst Friedrich Demke konnte durchgeführt werden. Freude und Segen waren groß.

Immer wieder kommen willige Pastoren aus der Bundesrepublik Deutschland, um in den Kirchen der GUS Dienst zu tun. Im nördlichen Teil der Eparchie macht Bischof Kretschmar seinen Dienst. Bischof Siegfried Springer im europäischen Teil Rußlands mit Sitz in Moskau.

Die größte Mühe bei Behörden um das Wiedererhalten der Kirchen lag und liegt auch weiterhin auf Bischof Siegfried Springer. Dank seiner guten Russischkenntnisse gelingt die Organisation der Zusammenkünfte mit Behörden recht gut, um die nötigen Probleme zu lösen.

Im östlichen Teil der Eparchie Rußlands, im neu erbauten Kirchenkulturzentrum der Stadt Omsk, war Ernst Schacht als Bischof tätig. Territorial ist das die größte Eparchie der Welt, von Omsk bis nach Wladiwostok. Er diente dort zwei Jahre und 6 Monate. Am 31. Mai 1998 übergab er sein Amt an Pastor Volker Sailer, der die weit verstreuten Gemeinden weiter hin betreuen wird.

Weitere Eparchien bestehen in der Ukraine, in Kasachstan, Kirgistan und in Mittelasien. Dort sind mehrere neue Gemeinden entstanden. Dadurch wurden auch alte Kirchen neu ins Leben gerufen. Da bedingt durch Mischehen viele Deutsche die deutsche Sprache nicht mehr beherrschen, werden in vielen Gemeinden Gottesdienste in deutscher und russischer Sprache gehalten. In allen Eparchien der GUS wachsen aber die Gemeinden. Menschen finden zu Gott. Genau das ist die Aufgabe der christlichen Kirche in der ganzen Welt.

III. Dokumente

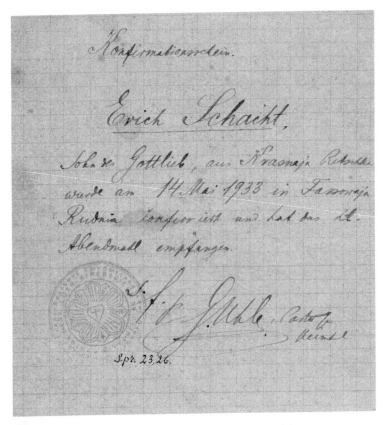

Mein Konfirmationsschein von Pastor Gustav Uhle.

> **Ordinations-Zeugnis.**
>
> Es wird hiermit bestätigt, daß der Glaubensbruder Erich Schacht Sohn des ev.-luth. Küsters Gottlieb Schacht nach dem Ritus der evang.-lutherischen Kirche am Sonntag, den 22. Juli 1966 in gegenwart und während dem Gottesdienst zu Sysran feierlich zum Predigtamt als Pastor der evang.-luth. Kirche zu Russland (SU) von mir ordiniert wurde.
>
> Solches wird von mir hiermit gegeben unter meiner Handschrift mit dem Siegel der evang.-reform. Kirche zu Moskau.
>
> Sub fide pastoralis
>
> Arthur Pfeffer
> Pastor emeritus.
>
> Moskau, den 3. September 1966.

Mein Ordinationszeugnis (in Deutsch und Russisch) das mußte ich auf allen meinen Reisen bei mir haben.

Evangelisch-Lutherische Gemeinde in Zelinograd, UdSSR

UdSSR
Zelinograd
Ul. Kuibyschewa 101
Pastor Eugen Bachmann

Zelinograd, den

Удостоверение

Дано настоящее гр-ну ШАХТ Эриху Готлибовичу в том, что он является лютеранским пастором для духовного обслуживания верующих лютеран, на какувую должность он посвящен в Сан — пастора лютеранских приходов с 22 июля 1966 г. что настоящим и удостоверяется.

21 июня 1967 г.

Е Бахман

Mein lieber Bruder Erich! Den 10.08.83.

Nach längerem Schweigen,das durch verschiedene Umstände und auch
meine Reisen bedingt war,fühle ich nun die grosse Notwendigkeit,
Dich über ein Ereignis zu informieren,dass Dich gewiss interessieren wird:
Wie Du weisst,wird in der ganzen Welt in diesem Jahr das 500.jähr.
Geburtstagsfest Martin Luthers gefeiert.
Auch unsere Lettische Ev.-luth.Kirche hat beschlossen,dieses Jubiläum im Rahmen kirchlicher Veranstaltungen zu begehen. Dazu sind
auch viele Gäste eingeladen.Die feierlichen Gottesdienste und Begegnungen sollen am 8.und 9.Oktober in Riga stattfinden,in verschiedenen Kirchen.
Als Gäste sind eingeläden vom Lutherischen Weltbund: Generalsekretär Dr.Karl Mau,der Europasekretär Dahlgren,der Abteilungsleiter
Dr.Lechtonen,ferner aus der DDR.Bischof Radtke,u.a.,auch aus der
BRD Bischof v.Kehler.
Was mich besonders erfreut und dankbar stimmt,ist,dass erlaubt wurde,auch 10 Vertreter der deutschen lutherischen Gemeinden aus der
Sowjetunion ofiziell als Gäste einzuladen. Leider bist Du nicht
als Vertreter ofiziell genehmigt worden.Das bedeutet aber nicht,
dass Du nicht privat als mein Gast an den Feierlichkeiten teilnehmen kannst.
Weil ich annnehme,dass es Dich interessiert und wichtig sein wird,
auch in Riga zu sein,lade ich Dich persönlich ein,als mein lieber
Gast am 8.und 9.Oktober an den feierlichen Gottesdiensten teilzunehmen.Wohnen kannst Du bei mir.Wir würden uns über die Gemeinschaft
im Glauben und Gebet freuen.Der Anreisetag wäre dann schon am 7.Okt.
Bitte benachrichtige mich,ob Du kommen kannst.

    Bis dahin grüsse ich Dich herzlichst von uns allen,auch Deine
liebe Frau.

    In Jesu verbunden,

                                        Dein
                                        Harald Kalnins.

Zwei Briefe von Bischof Harald Kalnins

DER BISCHOF
der Deutschen ev.-lutherischen Kirche
in der UdSSR

Kanzlei: Riga 226018	Privat: Riga 226065
Odesas Str. 18	Maskavas Str. 427-120
Fernruf 224123	Fernruf 269436

Propst .*Erich Schacht*...I Riga, d." 21. "März 1989.
Anschrift *г. Сыгран 15, ул. Коммунистическая 14-12*

Lieber Bruder,

die Entwicklung unseres Kirchenlebens macht es notwendig, in gewißen Zeitabständen Zusammenkünfte aller Pröpste einzuberufen, um wichtige Fragen und Belange der Gemeinden konkret zu besprechen und Beschlüße für die praktische Kirchenarbeit in den Propsteien zu fassen.

Hiermit lade ich Sie zur ersten Pröpstekonferenz ein, die Sonnabend, den 27. bis zum Montag,d.29.Mai in Karaganda stattfinden wird, auf grund der freundlichen Einladung vom örtlichen Propst Bruder Johannes Gudi und der Gemeinde in Karaganda.

Wir sollten unsere Reise dorthin so einrichten, daß wir am Sonnabend,d.27.Mai schon alle zur Eröffnungsfeier der Propstkonferenz in Karaganda erschienen sind.

Abreisetag könnte dann entweder ab Montag,d.29.Mai nachmittags, oder die weiteren Wochentage sein.

Bitte die Hin- und Rückfahrtkarten rechtzeitig zu erwerben.
Die Teilnahme ist für alle Pröpste obligatorisch.
Laßt uns von Herzen beten, daß Gott Seinen reichen Segen zu dieser für unser Kirchenleben wichtigen Zusammenkunft gebe!

Mit herzlichem Brudergruß an Euch und alle Glaubensgeschwister in Gemeinden,

                          Euer
                          H. Kalnins
                          Bischof.

Evangelisch-Lutherische Gemeinde in Zelinograd, UdSSR

UdSSR
Zelinograd
Ul. Kuibyschewa 101
Pastor Eugen Bachmann

Zelinograd, den 6.Juli 1966.

Lieber Bruder Schacht!

Ihren Brief habe ich erhalten und denke,Sie haben inzwischen auch meinen Brief bekommen.

Die Aussichten in unserer Sache erscheinen mir wenig günstig. Davon sprechen die neuen Gestze und andere Beobachtungen.Zu verzagen ist allerdings kein Grund,aber es gibt auch keine Ursache zum Triumphieren! Schließlich ist eines gewiß:das letzte Wort wird Gott,der HERR sprechen!

Ich werde bis Mitte August nicht zu Hause sein.

Grüßen Sie Ihre Frau von uns und seien Sie selbst herzlich gegrüßt von uns!

Ihr
Pastor *Eugen.*

Ein kurzer Brief von Pastor Eugen Bachmann

> **СПРАВКА О РЕАБИЛИТАЦИИ**
>
> Гр. Шахт Эрих Готлибович
> Год и место рождения 1917 г. с. Джан-Булды, Крымской АССР
>
> Место жительства до ареста с. Красноречка, Володарско-Волынского района, Житомирской области
> Место работы и должность (род занятий) до ареста не работал
>
> Когда и каким органом осужден (репрессирован) 25-31.07.1935 года Киевским областным судом
>
> Квалификация содеянного и мера наказания с учетом вносившихся в приговор (несудебное решение) изменений по ст. 54-10 ч. I УК УССР /в редакции 1927 года/ на три года лишения свободы с поражением прав на 2 года
>
> Арестован 30 апреля 1935 г.; освобожден 15 августа 1938 г.
> Содержался под стражей, в местах лишения свободы, ~~три года~~ три года, три месяцев, 15 дней; находился в ссылке — лет, — месяцев, — дней.
> На основании ст. 1 Закона Украинской ССР „О реабилитации жертв политических репрессий на Украине" от 17 апреля 1991 года
> гр. Шахт Э.Г. реабилитирован
>
> Старший помощник прокурора области В. И. Волынец

Meine Rehabilitationsbescheinigung bezüglich meiner Verhaftung im Jahre 1935.

Übersetzung aus dem Russischen

Staatsanwaltschaft der UdSSR
Staatsanwaltschaft des Shitomir Gebiets
262001, Shitomir, Str. 1 Mai, 11,
Tel.: 37-24-22
19.07.1991 Nr.: 13/2985-89

Reabilitationsbescheinigung

Bürger	Schacht Erich d. Gottlib
Geburtsjahr/Ort	1917, Dschankoi, Krim
Wohnort vor der Verhaftung	Dorf Krasnoretschka, Rayon Wolodarsko-Wolynskij, Gebiet Shitomir
Arbeitsort und Beruf vor der Verhaftung	arbeitslos
Wann und von welchem Gericht verurteilt (repressiert)	25-31.07.1935 vom Kiewer Gebietsgericht
Tatbestand und Urteil	nach §54-10 Teil 1 des Strafrechts der Ukrainischen SSR/ in der Redaktion des Jahres 1927/ zu 3 Jahren Freiheitsstrafe mit Entziehung der bürgerlichen Rechte für weitere 2 Jahre
Festgenommen	am 30. April 1935
Entlassen	am 15. August 1938.
War unter Bewachung in einer Strafvollzugsanstalt	3 Jahre, 3 Monate und 15 Tage

Aufgrund des § 1 des Gesetzes der Ukrainischen SSR „Über die Reabilitation des Opfers der politischen Repressionen in der Ukraine" vom 17. April 1991

Bürger   Schacht E.G. ist reabilitiert worden.

Der erste Gehilfe des Staatsanwalts   Unterschrift   W.I. Wolynez

Mein Rehabilitationsschein bezüglich der allgemeinen Repression aller Deutschen in Rußland als Personen der deutschen Nationalität

Übersetzung aus dem Russischen

RUSSISCHE FÖDERATION
Verwaltung für innere Angelegenheiten des Samaragebiets
Rehabilitationsbescheinigung

04. Dezember 1996   Stadt Samara

Bürger _____SCHACHT, ERICH d. GOTTLIEB_____ Sch-182/96/
                Name,   Vorname,   Vatersname

Geburtsjahr/Ort_____ 1917, Gebiet Krim

Wohnort vor der Repression_____ Gebiet Stalingrad

Wo, wann und von welchem Organ wurde repressiert_____1941

Stand auf der Sonderliste im Gebiet Samara   bis 1955

Verordnung GOKO Nr. 702ss vom 22.09.41

Grund der Anwendung und Form der Repression aus politischen
Motiven in administrativer Ordnung_____als Person der
deutschen Nationalität

Laut Artikel 3w des Gesetzes der Russischen Föderation „Über die
Rehabilitation der Opfer der politischen Repressionen" vom
18. Oktober 1991 ist Bürger SCHACHT, ERICH d. GOTTLIEB
                              Name,   Vorname,   Vatersname

rehabilitiert worden.

Vorgesetzter der Verwaltung für innere
Angelegenheiten des Gebiets Samara   _Unterschrift_   Andrejkin
                                          Staatssiegel

LANDESBISCHOF JOACHIM HEUBACH, BÜCKEBURG:

Den nachfolgenden Beitrag über die Bischofseinführung von Harald Kalnins – am 13. November 1988 in der Rigaer Jesuskirche – entnehmen wir einem Bericht, den Bischof Heubach vor der Synode der Landeskirche Schaumburg-Lippe gehalten hat.

Unerwartet hat sich eine Tür geöffnet

Am Vorabend des Einführungstages waren wir ausländischen Gäste mit den Predigerbrüdern, den Ältesten und ihren Frauen in der Jesus-Kirche zusammen und hörten sie aus ihrem Leben und dem Leben der über 500 oft weit verstreuten lutherischen Gemeinden der Sowjetunion berichten. Wir hörten von unvorstellbaren Leiden und – fast urchristlich – allein aus dem Worte Gottes geschöpftem Glauben. Wir konnten die Wunder der hindurchhelfenden und rettenden Barmherzigkeit Gottes geradezu handgreiflich erfahren. Wir waren hineingenommen in Leidens- und Rettungserfahrungen von Christen, die in jahrzehntelangem Martyrium unglaublicher Verfolgungen die Treue zum Evangelium bewahrt haben und an denen die Wahrheit der Kraft des Heiligen Geistes sich sichtbar erwiesen hat, daß ‚die Pforten der Hölle' die glaubenstreue Gemeinde Jesu nicht überwältigen werden (Matth. 16,18), wie Jesus es verheißen hat.

Die Konsekration des Bischofs, der sich im 77. Lebensjahr befindet und noch voller Spannkraft ist, vollzogen die lutherischen Erzbischöfe Mesters (Lettland), Pajula (Estland), Kaivanas (Litauen), die Bischöfe Kortekangas (Finnland), Hirschler (Hannover – als Vertreter des Ratsvorsitzenden Bischof Kruse) und ich (als Vertreter des Leitenden Bischofs der VELKD, Bischof Stoll), sowie unter Beteiligung des Generalsekretärs des Lutherischen Weltbundes Dr. Gunnar Stålsett (Genf) und eines Vertreters der angereisten Predigerbrüder, dem von Superintendent Kalnins inzwischen zum Pastor ordinierten Pastor Schneider aus Omsk (Sibirien). Auf Bitten des lettischen Erzbischofs hielt ich die Predigt nach der Einführung über einige Verse aus Ps. 50, dem Psalm des Sonntags.

Am Freitag vorher hatten wir ausländischen Teilnehmer Gelegenheit, ein altes Pfarrhaus in Riga zu besuchen und uns über die Pläne der lettischen Kirche ausführlich informieren zu lassen, hier eine neue und ausreichende Möglichkeit für die Unterbringung des Theologischen Instituts zu schaffen, in dem durch Fernkurse und Seminare auch die für das Pfarreramt vorgesehene Laien aus den deutschen lutherischen Gemeinden der zentralasiatischen Sowjetrepubliken unterrichtet werden. Wir erfuhren ferner, daß die Einfuhr von Bibeln, Gesangbüchern, Katechismen, Predigtbüchern, Herrnhuter Losungen und Andachtskalendern in die Gemeinden Rußlands ungehindert möglich ist. Diese und andere unerwartete Möglichkeiten stellen unsere Kirchen und Gemeinden vor neue Aufgaben, die wir jetzt wahrnehmen müssen.

Bischof Harald Kalnins

Was wir in Riga erlebt haben, wird einen jeden der Teilnehmer nachhaltig bestimmen, und Sie werden sicher verstehen, daß wir eine große Mitverantwortung für Bischof Kalnins und die über 500 Gemeinden in der Weite Rußlands fühlen, denen Gott eine unerwartete Tür aufgetan hat.

Bericht von Landesbischof Joachim Heubach.

Landesbischof Prof. Dr. Joachim Heubach, Landesbischof Prof. Dr. Horst Hirschler

Nach der Einführung von H. Kalnins ins Bischofsamt wurde das Heilige Abendmahl gefeiert. Ein Bild dazu.

Am Tag nach der Einführung fand eine Versammlung der Pröpste statt

Ein Dokument der Bestätigung

Zwanzig Vertreter aus den über das ganze Gebiet der Sowjetunion verstreuten deutschen evangelisch-lutherischen Gemeinden, die in der sich allmählich formierenden Kirche das Amt eines Propstes übernehmen sollen, konnten, einige mit ihren Angehörigen, an der Bischofseinführung teilnehmen. In ihrer aller Namen verlas Erich Schacht am nächsten Tag in einer Zusammenkunft mit Bischof Kalnins einen am Vorabend verfaßten gemeinsamen Brief. Dieses Dokument bestätigt dem neuen Bischof nach dem Konsistoriumsbeschluß der Ev.-Luth. Kirche Lettlands und der Zustimmung der staatlichen Instanzen nun auch von der Seite der ihm anvertrauten Gemeinden die Legitimität seines Amtes. Schon im Einführungsgottesdienst war in der Handauflegung durch Nikolaus Schneider (Omsk) zusammen mit den anderen teilnehmenden Bischöfen die Beteiligung der Gemeinden augenfällig geworden. Anders wäre im geistlichen Sinne die Einsetzung eines Pfarrers oder Bischofs auch kaum denkbar.

Der Hinweis auf die Kontinuität zur vormaligen, in der Stalinära untergegangenen Evangelisch-Lutherischen Kirche Rußlands ist insofern von besonderer Bedeutung, als diese in rechtlichem Sinne niemals aufgelöst worden ist. Ihre von den staatlichen Behörden damals anerkannte Generalsynode hatte 1924 eine Kirchenverfassung verabschiedet, die bei der jetzt einsetzenden Entwicklung zur Kirchwerdung einen Rahmen abgeben dürfte. Sch.

Dokument der Bestätigung

Ein Bild nach H. Kalnins Einführung zum Bischof für Rußland mit ausländischen Gästen, Pröpste und Predigern aus Rußland.

Erster von links: Gottlieb Ickert, Propst von Nowosibirsk
Zweiter von links: Pastor Siegfried Springer, Vorsitzender der Kirchlichen Gemeinschaft in Bad Sooden-Allendorf
Sechster von links: Generalsekretär des LWB, Pastor Dr. G. Stålset (links neben Bischof Harald Kalnins)
Dritter von rechts: Erzbischof von Estland Kuno Pajula, ab 1987 als Nachfolger von Erzbischof Hark, der 1986 verstarb
KMD Joh. Baumann (ganz rechts)
Generalsekretär des MLB, Dr. P. Schellenberg (2. Reihe, zweiter von rechts)
Osteuropareferent des LWB, Dr. T. Görög (rechts neben Superintendent Nikolaus Schneider)

Bild von der gebauten Kirche in Omsk.

ЕВАНГЕЛИЧЕСКО-ЛЮТЕРАНСКАЯ ЦЕРКОВЬ РОССИИ
Епархия Европейская Россия

EVANGELISCH-LUTHERISCHE KIRCHE IN RUSSLAND
Eparchie Europäisches Rußland

Епископский визитатор	Der bischöfliche Visitator
Епархия Европейской России	Eparchie Europäisches Rußland
101000 г. Москва	101000 Moskau 17.03.97
Старосадский переулок, д. 7/10	Starosadskij pereulok, d. 7/10
Еванг.-лют. община	Ev.-Luth. Kirchengemeinde
Св. Петра и Павла	St. Peter und Paul
Тел. (007-095) 928-53-36	Tel.: (007-095) 928-53-36
Фах. (007-095) 924-58-20	Fax. (007-095) 924-58-20

Hiermit bescheinigen wir, daß **Propst Erich Schacht** im Auftrag unserer Kirche Lutherische Gemeinden in Rußland besucht, um ihnen pastorale und humanitäre Hilfe zu bringen.

Für alle amtliche und persönliche Unterstützung seines Dienstes sind wir besonders dankbar.

p. Siegfried Springer

Bescheinigung der ev.-luth. Kirche Rußlands über die Betreuung lutherischer Gemeinden in Rußland.

Епископ Епархии
Европейской России

Bischof der Eparchie
Europäisches Rußland

Moskau,

31.03.98

Удостоверение

Настоящим подтверждаем, что Пропст Ерих Шахт посещает по поручению нашей Церкви Общины, чтобы оказать им гуманитарную и духовную помощь.

Епископ Епархии Европейской России   З. Шпрингер

1997 besuchte ich wieder unsere luth. Gemeinden an der Wolga in Sysran Oktjabrsk, Mirnij, Samara. Es war die Osterzeit und es gab viel Arbeit: Ostergottesdienste, Abendmahlsgottesdienste Krankenbesuche mit Abendmahl, Verteilung von humanitärer Hilfe für Notleidende. Zuletzt wurde bekannt gemacht, daß am 4. April ein Pastor aus der Bundesrepublik Deutschland in der renovierten ev. Kirche in Samara eingeführt wird. Mit Gemeindemitgliedern aus Sysran, Oktjabrsk und Mirnij fuhren wir dorthin und konnten einen unvergeßlichen, segensreichen Gottesdienst miterleben. Ein Jugend-Instrumentalchor, vom neuen Pastor geleitet, machte mit den klangvollen Tönen der Instrumente alle Anwesenden in der Kirche froh. Herr Dekan Klump aus Stuttgart hielt eine segensreiche Predigt. Propst Demke leitete den Gottesdienst, Schwester Temirbulatowa übersetzte alles ins Russische. So wurde Pastor Rolf Bareis mit Handauflegung eingesegnet. Nach dem Gottesdienst wurde noch der Bürgermeister von Samara um ein Grußwort gebeten. In seiner Rede betonte er, daß die schön renovierte Kirche, die die Hauptstraße der Stadt ziere, anerkannt sei und auf weitere Unterstützung hoffen dürfe. Zuletzt sprach auch der Gebietsbeauftragte für religiöse Angelegenheiten. Er sagte: »Ich bin auch ein Christ!« Die Dolmetscherin wiederholte dies in Deutsch. Laut und gut verständlich sagte dieser Amtmann weiter: »Ich freue mich sehr, daß die lutherische Kirche wieder in unserer Stadt lebt. Ich wünsche, daß sie viel Segen für Jung und Alt in Samara bringt. Ich werde mit Gottes Segen alles Mögliche tun, um den Segen zu vermehren.« Für mich war seine Aufrichtigkeit so erstaunlich, so überraschend, daß ich rückblickend in Tränen da saß. Denn etliche, die dieses Amt für religiöse Angelegenheiten früher führten, gaben mir oft sehr schmerzhafte Rippenstöße wegen meiner religiösen Tätigkeit in Gebiet Samara und andernorts. So hat Gott alles verändert. »Das sind Wunder.« Nachdem wurden noch Aufnahmen gemacht. Zwei davon möchte ich hier anführen

a) Die lutherische Kirche an der Hauptstraße von Samara.
b) In der Kirche nach dem Gottesdienst: am 04.April 1997

Einsegnung des Pastors Bareis zum Leiter der Gemeinden im Gebiet Samara
Erste Reihe von links: Dekan Martin Klumpp, danach Pastor Rolf Bareis, nach der Chorleiterin Propst Erich Schacht hinten Olga Temirbulatowa, Vorsitzende des Kirchengemeinderates Samara
Zweite Reihe in der Mitte: Propst Friedrich Demke

Nachrichten aus der ELKRAS

Ein bewegtes Programm konnte *Bruder Erich Schacht* in der Zeit vom *22.03.–19.04.97* hinter sich bringen. Sowohl humanitär-diakonische Hilfe, insbesondere aber geistlichen Beistand und Seelsorge an den Geschwistern in *Uljanowsk, Sysran, Oktjabrsk, Samara, Mirny,* u.a. Er ist den Gemeinden dort noch immer ein geistlicher Vater geblieben. Das war besonders in der Karwoche und in der Osterzeit ein wichtiger Dienst. *„Aufsehen auf Jesus, den Anfänger und Vollender des Glaubens".* Dazu ermutigten Predigt, Abendmahlsgemeinschaft und Einzelseelsorge, insbesondere wo der Kreis immer kleiner wird und Trauerfälle sich häufen. Ein schöner Abschluß und Höhepunkt war die Mitwirkung bei der *Einführung des neuen Pastors R. Bareis in Samara*, der mit seiner Familie dort die nächsten 3 Jahre Dienst tun will. Die Württembergische Landeskirche hat ihn dafür freigestellt.

In *Moskau* wurde am 06.04.1997 ein neuer Pastor der deutschsprachigen Ev.-Luth. Gemeinde ordiniert und eingeführt. Pastor Peter Urie ist 42 Jahre alt und bereit, für ein bis zwei Jahre dort zu wirken. Durch Mithilfe des Missionsbundes „Licht im Osten", Korntal, wurde dieser wichtige Dienst möglich. Neben Gottesdiensten, Bibelstunden und Konfirmandenunterricht will er in Moskau und darüberhinaus neue Formen evang. Jugendarbeit entwickeln. Der luth. Gemeinde in Sterlitamak/Baschkirien konnte er davor schon neue Impulse der Gemeindearbeit vermitteln.

Eine große Resonanz fand die Einladung und Durchführung des *Theologischen Seminars in Omsk*. Statt der vorgesehenen 30 Teilnehmer waren 98 Teilnehmer gekommen. Mit den dazugehörigen Dozenten waren über 100 Gäste unterzubringen. Dank guter Organisation des Leiters der Eparchie und Veranstalters (Pfr. Ernst Schacht) konnten alle aufgenommen und versorgt werden. Lernende und Lehrende waren gleicherweise gefordert und letztendlich dankbar für die gemeinsame Zeit. Besonders erfreulich: Der Altersdurchschnitt lag weit unter 50 Jahren. Wieder hat sich bestätigt, wie sinnvoll und nützlich der Bau des Kirchen- und Kulturzentrums für diese Region ist. Besonders für die Eparchie wird eine solche Schaltstelle unverzichtbar bleiben. Alle damit verbundene Mühe der Ev.-Luth. Landeskirche Hannovers hat sich gelohnt.

Die *Synode in Kirgisien* (Kant, 12.–14.4.1997) wählte einen neuen Propst: Emanuel Schanz, sein Stellvertreter: Alexander Maas. Die Ev. Kirche von Kurhessen-Waldeck ist Partnerkirche der Luth. Propstei Kirgisien.

HERAUSGEBER: KIRCHLICHE GEMEINSCHAFT der Evangelisch-Lutherischen Deutschen aus Rußland e.V., Am Haintor 13, Postfach 210, 37237 Bad Sooden-Allendorf, Tel.: 0 56 52-4135, Fax: 0 56 52–62 23
Spenden erbeten auf unser Konto Nr. 2119, Evang. Kreditgenossenschaft Kassel – BLZ 520 604 10.

Nachrichten aus der ELKRAS (Evangelisch Lutherisch Kirche in Rußland und anderen Staaten) Ausschnitt aus dem Rundbrief Nr. 1997/2 der Kirchlichen Gemeinschaft in Bad Sooden-Allendorf

IN DER UDSSR VERFOLGTE, VERBANNTE, UMGEKOMMENE, UMGEBRACHTE UND VERSCHOLLENE EVANGELISCHE PFARRER

Woldemar Assmus (Leningrad)
Alfred Baschwitz (Kursk)
Michael Baumann (Kronau, Nikolajew)
Heinrich Behrents (Taschkent)
Gustav Birth (Charkow)
Hermann F. Blumenbach (Bergdorf, Odessa)
Ernst A. Boese (Paulskoje, Wolga)
Friedrich Bratzt (Ludwigstal, Taurien)
Emil F. Busch (Smolensk)
Emil E. Cholodezky (Zürichtal, Krim)
Eduard H. Eichhorn (Messer, Wolga)
Johann Erbes (Kukkus, Wolga)
Theodor Fehler (Marienfeld, Kaukasus)
Wilhelm Frank (Kassel, Odessa)
Johann Frasch (Rostow, Don)
Arnold Frischfeld (Leningrad)
Adolf Funke (Kronau, Nikolajew)
Richard Goebel (Armawir u. Helenendorf)
Johann Goehring (Nowograd-Wolynsk)
Richard Goehring (Odessa)
Johannes Grasmück (Brunnental, Wolga)

Herbert J. Günther (Warenburg, Wolga)
Gotthold E. Hahn (Elisabethtal, Kaukasus)
Paul Hamberg (Schemacha, Baku)
Karl A. Hanson (Byten, Krim)
Wilhelm Heine (Katharinenfeld, Kaukasus)
Nathanael W. E. Heptner (Näb, Wolga)
Bernhard N. Heptner (Näb, Wolga)
Ferdinand Hörschelmann (Slawgorod)
Johannes Hohloch (Grunau)
Julius H. Johansen (Heimtal, Wolhynien)
Woldemar Jürgens (Pjatigorsk-Karras)
Ralph W. Jürgens (Balzer, Wolga)
David Kaufmann (Balzer, Wolga)
Arthur J. Kluck (Katharinenstadt, Wolga)
Simon Kludt (Friedenfeld)
Albert Koch (Grossliebental, Odessa)
Gottlob Koch (Orenburg)
Karl J. Krentz (Neu-Stuttgart)
Wilhelm Lohrer (Djelal, Krim)
Friedrich Merz (Omsk)
Johann Migle (Leningrad u. Moskau)

Nikolaus G. Moderau (Emiltschin, Wolhynien)
Markus Müller (Helenendorf, Kaukasus)
Kurt Muss (Leningrad)
Emil Pfeiffer (Norka, Wolga)
Alfred Prieb (Leningrad)
Georg Rath (Fischerdorf, Dnjepropetrowsk)
Paul Reichert (Leningrad)
Bruno Reichert (Leningrad)
Friedrich W. Reichwald (Taschkent)
Emil Reusch (Tiflis)
Woldemar Rüger (Moskau)
Konstantin Rusch (Sarepta, Wolga)
Julius Sahlit (Leningrad)
Johann Schilling (Gnadentau, Wolgau)
Siegfried Schultz (Omsk)
Gustav Schwalbe (Smolensk)
Woldemar Seib (Jekaterinoslaw u. Nikolajew)
Eduard Seib (Taganrog)
Christian Semke (bei Leningrad)
Robert Sept (Grünfeld)

Johann Seydlitz (Zürichtal, Krim)
Oktav Simon (Leningrad)
Konrad Staab (Frank, Wolga)
Friedrich Steinwand (Neu-Freudental, Odessa)
Ludwig S. Steinwand (Krasnodar)
Alexander Streck (Moskau)
Ossip Thorossjanz (Wladikawkas)
Gustav Uhle (Schitomir, Wolhynien)
Karl Vogel (Odessa)
Friedrich Wacker (Leningrad)
Christfried Wagner (Saratow)
Woldemar Wagner (Leningrad)
Otto Wenzel (Helenendorf, Kaukasus)
Paul Willigerode (Moskau)
Peter H. v. Withol (Lugansk)
Gustav Witt (Dschankoi)
Samuel Wohl (Leningrad)
Samuel Wucherer (Katharinenfeld, Kaukasus)
Andreas Zeissler (Millerowo)
Wilhelm Zimmer (Alexejewka, Kaukasus)

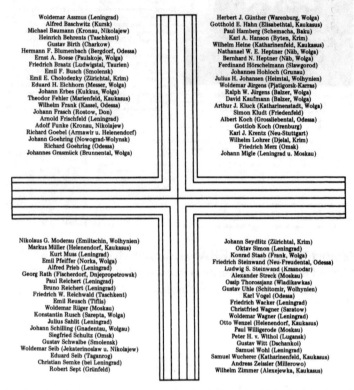

Alle Pfarrer, deren Namen Sie um dieses Kreuz lesen, sind in der UdSSR in den zwanziger und dreißiger Jahren unseres Jahrhunderts unter den verschiedensten Vorwänden unschuldig verhaftet und durch qualvolle Verhöre geschleppt und verurteilt worden. In den Gefängnissen und Lagern Rußlands und Sibiriens haben sie unter unvorstellbaren Leiden ihr Leben lassen müssen — ungezählte Mitarbeiter der Kirche, Organisten, Lektoren, Küster, barmherzige Schwestern, Kirchengemeinderäte und deutsche Bauern und Bürger, die ihren Seelsorgern geholfen haben, haben dasselbe Schicksal erlitten, ebenso viele Frauen und Kinder unserer Pastoren. Wir kennen bis heute nicht die Namen aller dieser treuen Zeugen — sie sind nirgendwo verzeichnet —. Heute versehen ungeschulte Brüder und Schwestern oft unter sehr schwierigen Umständen den Dienst unter den evangelischen Christen.

Eine Liste von Pastoren in Rußland, die nach dem Arrest nie mehr in die Freiheit kamen.

1. O Er - de un-frucht-ba - re, wüs - ter ho - her
2. Du bist zu schwach du fest ge - fror' - ner
3. Du wei - te Tund - ra, star - re stil - le
4. Es kommt der Tag, da wird Gott zu dir
5. Die star - ken Ket - ten sind ge-sprengt und

Nor - den. Du Sonnen-lo - se kal-te Worku - ta,
Bo - den, um auszulöschen, aus dem Herzen Gottes Wort,
Wü - ste. Du Tai-ga und du russ'sches Riesen - land.
spre - chen, ge - nug du Norden, laß die G'fangnen frei.
fal - len. Die Kämpfer Gottes singen laut Halleluja.

du nahmst zu dir, die treu-en Got-tes - bo - ten,
des Gei-stes Feu - er durch die Lie - be Got - tes,
Trotz al - ler Feindschaft Nö-te und Ge - fah - ren,
Der kal - te Win - ter ist vor - bei die Saat ging auf
Sie fol-gen ih - rem Herrn in gro-ßer Got - tes Kraft

die einst ge-lebt für Je - sus ih -ren Herrn und Gott.
be - siegt den Stacheldraht die Pein und al - le Not.
wird Got-tes Botschaft auch bei dir be - kannt.
und brach-te vie - le Gar-ben für die Herrlich - keit.
und stehn als treu-e Zeu-gen für die Völ-ker da.

Anstrengungen für mehr Kinderbetreuungseinrichtungen.

Kohl: Meine wichtigste Quelle

idea: *Sie haben erwähnt, daß Sie Kirchgänger seien und daß dies mehr sei als eine Gewohnheit. Was bedeuten Ihnen Gottesdienst, Glaube und Gebet?*

Kohl: Für mich ist der christliche Glaube die wichtigste Quelle der Kraft und der Freiheit. Er sagt mir, daß wir als schwache, fehlbare Menschen Vollendung nicht aus uns selbst heraus finden können, sondern nur durch das Heilswirken Gottes. Diese Botschaft von Jesus Christus ist befreiend, gerade auch für jemanden, der in politischer Verantwortung steht. Zu wissen, trotz Fehlbarkeit und Irrtum von Gott angenommen zu werden, gibt Mut zum Handeln für den Nächsten. Dabei dürfen wir bei aller Leidenschaft des politischen Ringens gelassen sein, denn wir sind nicht dem Zwang ausgesetzt, uns selbst zu erlösen, sondern wir sind von Gott getragen. Das Fundament bleibt dabei das christliche Verständnis vom Menschen, die Überzeugung von der unveräußerlichen Würde des einzelnen, das Wissen um seine Grenzen und Schwächen, aber auch der Glaube an seine Fähigkeit, Verantwortung wahrzunehmen. Das Lesen der Bibel, Gottesdienst und Gebet öffnen uns den Blick für die Größe des Menschen, die ihm von Gott geschenkt wurde. Wir lernen zugleich den notwendigen Realismus, den Menschen anzunehmen in seiner Unvollkommenheit.

idea: *Sie sind ständig von Sicherheitskräften umgeben und müssen auch mit lebensbedrohlichen Anschlägen rechnen. Haben Sie dadurch ein anderes Verhältnis zu Leben und Tod? Was bedeutete für Sie persönlich das Attentat auf Wolfgang Schäuble im Oktober 1990?*

Kohl: Bisweilen kommt mir schon der Satz „Mitten im Leben sind wir vom Tod umfangen" in den Sinn. Gerade nach dem Attentat auf Wolfgang Schäuble wurde mir wieder deutlich, wie gefährdet unsere irdische Existenz ist. Ich muß dies annehmen, gerade auch als Politiker in verantwortlicher Position. Ohnehin ist die Erfahrung, wie geliebte Menschen verlieren – mein älterer Bruder ist im Krieg gefallen – die prägende Grunderfahrung, die die Dimension der Endlichkeit, aber auch die der Transzendenz ins Bewußtsein ruft.

Kanzler Kohl beim Gebet in einem polnischen Kloster. Nach seinen Worten für ihn mehr als eine symbolische Geste. Foto: Presse- und Informationsamt der Bundesregierung

Die Bundesregierung und die Evangelischen

idea: *Besonders aus der evangelischen Kirche wird ja häufig Kritik an der Regierung und teilweise auch speziell an Ihnen geübt. Wie beurteilen Sie diese Kritik und welche Erwartungen haben Sie besonders im Blick auf die evangelische Kirche?*

Kohl: Daß ich und die Bundesregierung auch von evangelischen Christen kritisch beurteilt werden, halte ich in einer Demokratie für ganz normal. Ich gehe an solche Kritik mit den gleichen Maßstäben heran wie an kritische Äußerungen von politischen Gegnern oder seiten der Medien. Sie müssen sich dann eben im gleichen Maße auch den Gegenargumenten stellen. Es gab vor allem in den 80er Jahren Bestrebungen, politisch kontroverse Fragen zu Bekenntnisfragen aufzuwerten und damit den eigenen Standpunkt der argumentativen Auseinandersetzung zu entziehen. Denken Sie an die Fragen der Nachrüstung oder der Kernenergie. Ich glaube, inzwischen hat man sehr wohl begriffen, daß diese Art des religiös motivierten Dogmatismus in der Politik nichts zu suchen hat und unglaubwürdig ist. Im übrigen braucht die Politik immer auch die kritische Begleitung durch engagierte Christen und durch die Vertreter der Kirchen. In dieser Frage herrscht Konsens zwischen der Bundesregierung und den beiden großen Kirchen. Ich empfinde das Verhältnis der Bundesregierung zu den Repräsentanten der katholischen und der evangelischen Kirche in Deutschland als außerordentlich vertrauensvoll, konstruktiv und fruchtbar. Die vielen Gespräche, die wir führen, bestätigen dies stets von neuem. Natürlich habe ich als Christ und Politiker auch Erwartungen an die Kirchen. Zum einen erhoffe ich mir, daß sie gerade in einer Phase zunehmender Säkularisierung das Kostbarste, was sie haben: die Verkündigung der frohen Botschaft, unbeirrt weitergeben. Ein Theologe hat vor einiger Zeit ein Büchlein geschrieben mit dem Titel „Weil Politik nicht alles ist". So sehr ich den sozialethischen Rat und das Urteil der Kirchen zu Fragen des Zusammenlebens der Menschen, also der Frage nach dem richtigen Handeln, für notwendig halte, so sehr bin ich der Überzeugung, daß ihre Kraft entscheidend aus der Verkündigung gewinnen, was der Mensch ist. Auch wenn die Zahl der Gottesdienstbesuche zurückgeht, sollten die Kirchen das, was die Theologen ihr „proprium" nennen, im Bewußtsein der Menschen lebendig halten.

idea: *Sie haben einmal in einem Beitrag für idea geschrieben: „Wir brauchen das lebendige Zeugnis von Christen." Wo ist dieses Zeugnis Ihrer Ansicht nach heute konkret gefragt?*

Kohl: Die Welt des Alltags, die Familie, der Beruf und die Freizeit, aber auch das öffentliche Leben sind gleichermaßen Felder, wo sich christliches Zeugnis bewähren kann. Dies fängt bereits bei der „Annahme seiner selbst" (Romano Guardini), also auch seiner Fähigkeiten und Schwächen, an. Ebenso gilt es, die Mitmenschen anzunehmen und zu entdecken, wo man für sie Verantwortung tragen kann. Die Verkündigung der Kirchen in Hinblick auf die Frage, wo Christen Zeugnis ablegen sollen, ist erfreulicherweise heute weit entfernt von einer formelhaften Aufzählung und dient der Bewährung im Alltag anzuregen. Darüber hinaus gibt es Aufgabenfelder, wo gerade Christen heute vorbildlich die kirchliche Verkündigung vorleben können. Ich denke an den großen Bereich der Diakonie und der Caritas, an die vielen tausend Helfer in unserem Land, die selbstlos Dienst an ihren Mitmenschen verrichten. Sie machen deutlich, daß richtig verstandenes „Dienen" eine große Chance ist, über sich hinaus zu wachsen. Hier neue Felder der Bewährung zu entdecken, ist jeder Christ gefordert.

idea: *Vielen Dank für das Gespräch.*

Glaubensbekenntnis des ehem. Bundeskanzlers Kohl.

1992 las ich im Informationsdienst »Idea Spektrum« Nr. 40/92 das Glaubensbekenntnis des Bundeskanzlers. Helmut Kohl antwortete auf Fragen der Zeitschrift, was ihm Gottesdienst, Glaube und Gebet bedeuten. Ich freute mich sehr über dieses Bekenntnis. In meinem Leben habe ich solch ausführliches Glaubensbekenntnis noch nicht gelesen. Ich bin überzeugt, daß Gott seinen Segen über unser Land nicht zurückhalten wird, wenn wir für die Regierung beten.

Der fleißige und von Gott gesegnete Pastor Reinhold Rode auf der Kanzel mit dem Brustkreuz. (In der Gemeinde in Prochlandnaja, Kaukasus).

Ein Bild von zwei Kindern. Dieses Bild gehörte einem Apothekenprovisor namens Kahlkopf aus Astrachan. Im erstem Teil meines Buches, Seite 89, schrieb ich über ihn im Kapitel »Die goldenen Zähne«. Dieses Bild hatte Kahlkopf auf dem Fensterbrett neben seiner Pritsche stehen. Schwerkrank schaute er oft das Bild an und trocknete sich die Tränen. Einmal sagte er zu mir: »Wo sind doch heute meine lieben Kinder?« Als Kahlkopf gestorben war, nahm ich das Bild vom Fensterbrett, und es wanderte mit mir 54 Jahre durch Gefängnisse, Lager, Verbannungen. Einmal fragte mich meine Frau: »Warum bewahrst du dieses Bild so lange auf?« Ich antwortete: »Sooft mir dieses Foto zur Hand kommt, wird in mir meine Vergangenheit wach.« Ich suchte auch nach diesen Kindern, aber finden konnte ich sie nicht. Ich weiß nicht mal den Vornamen des Vaters. Vielleicht sind diese Kinder doch durch die Hungerzeit gekommen. Denn in der Trudarmee wurden die Kinder den Müttern weggenommen, und weil dann viele Kinder ohne Aufsicht und Verpflegung waren, starben sie in Elend und Hunger. Vielleicht sind diese Kinder doch noch heute am Leben, inzwischen alt geworden. Es kann sein, daß auch sie in Deutschland sind. So könnte ich ihnen dieses Foto geben und noch manches von ihrem Vater erzählen.

Ein denkwürdiger Tag für die Evangelisch-Lutherische Kirche in Rußland.

Aus dem Bericht des Bischöflichen Visitators Siegfried Springer für den Sprengel Rußland auf der Synode vom 30.7. – 1.8.1993 in Moskau: »Dies ist ein denkwürdiger Tag für mich, für uns alle hier und für die Evangelisch-Lutherische Kirche Rußlands. Darum will ich heute über einen größeren Zeitraum berichten als den meiner Tätigkeit als Bischöflicher Visitator. Meine Arbeit für unsere Kirche begann schon viel früher und ist doch nur ein Bruchteil dessen, was viele andere während der schweren kirchenfeindlichen Sowjetzeit geleistet haben, innerhalb und außerhalb der UdSSR. So denke ich dankbar gerade hier an den letzten Moskauer Pastor Artur Pfeiffer und seine Frau Evdokia, die noch nach dem Tod ihres Mannes im Jahre 1972 mit großer Treue in seinem Sinne weiterwirkte. Sie lebt noch heute in Moskau, schwach und erblindet. Wir werden ihr von dieser Synode Grüße übermitteln. Ein Beispiel ihres Wirkens will ich weitererzählen – heute darf man es ja wissen: Sie verschickte geistliche Schriften, die sie nach Moskau gebracht bekam, an ferne, einsame Freunde. Wie machte sie das? Sie entnahm Anschriften von Todesanzeigen aus der Zeitung und schrieb sie als Absender auf die Pakete. Damit brachte sie niemand in Gefahr, wenn sie geöffnet wurden. Pastor Pfeiffer selbst hat bis zu seinem Tode in seiner Wohnung Menschen gesammelt und sie für die Gemeinden zugerüstet. Das war Kirche und Theologie im Untergrund. Viele altgewordene Brüder und Schwestern haben mir davon berichtet. Einem der letzten, Erich Schacht, hat er sein Amtskreuz umgehängt, als er ihn segnete und ihm sein Amt übergab, als Stafette gewissermaßen, bis einmal vor aller Welt erkennbar wird, daß unsere Kirche hier nie aufgehört hat zu bestehen.

Евангелическо - лютеранский приход
Св. Георга г. Самара
Evangelisch-Lutherische St. Georg Gemeinde zu Samara

Pastor Rolf Bareis
Russland, 443099 Samara
Ul. Kujbischeva 115/117
Tel\Fax: (7)-(846-2) 32-24-15
E-mail: rolfbareis@glasnet.ru

Пастор Рольф Барайс
Россия, 443099 г. Самара
ул. Куйбышева 115/117
Тел Факс.(7) 8462/32 24 15 (32 15 66)
30E-mail: rolfbareis@glasnet.ru

No _____ "___" _____

An
Erich Schacht
Am Altenhain 7
37242 Bad Sooden-Allendorf

Lieber Bruder Erich,

ich hoffe, Sie sind mit Ihrer Schwester Selma wieder gut nach Deutschland zurückgekehrt.
Vielen Dank noch einmal, daß Sie an unserer Seniorenfreizeit teilgenommen haben. Sie haben es ja sicher auch selbst bemerkt, für viele unserer Senioren war das eine ganz besondere Freude und ein großes Ereignis - nicht nur die Freizeit, sondern vor allem auch , daß Sie und Ihre Schwester dabei waren.
Auch für Ihre Bibelarbeit noch einmal persönlich ein ganz herzliches Dankeschön, ich denke immer wieder mit persönlichem Gewinn an Ihre Worte zurück. Wir jungen Pastoren sollten viel öfter noch die Gelegenheit haben - und wahrnehmen - auf unsere älteren und erfahreneren Brüder zu hören.
Ich lege Ihnen zwei unserer Gruppenbilder bei. Das größere hat jeder Freizeitteilnehmer als kleine Erinnerung an die schönen Tage geschenkt bekommen. Ich hoffe, Sie können damit etwas anfangen.
Nun will ich schnell schließen und den Brief einem Gemeindeglied mitgeben, das gerade auf dem Sprung nach Deutschland ist.

Gott segne Sie, damit von Ihnen auch weiterhin solch ein Segen ausgehen kann.

Grüßen Sie auch Ihre Schwester Selma und Bruder Springer und seine Frau ganz herzlich von mir.

Ihr

In der Zeit vom 04.04. – 25.04.98 besuchte ich mit meiner Schwester Selma Gemeinden an der Wolga. Das war für unsere Geschwister dort in der Passions- und Osterzeit ein sehr willkommener Besuch. Auch für die Pastoren in Uljanowsk und Samara war es eine spürbare Freudenzeit. Wir haben in den kleinen Nachbargemeinden Kranken- und Altenbesuche gemacht. Sie alle wurden beschenkt mit Gaben für Leib und Seele. Auch eine Ostertagung konnte durchgeführt werden mit insgesamt 54 Personen aus den umliegenden Gemeinden Sysran, Oktjabrsk, Mirni, Toljati u.a. Vier Tage lang waren wir unter Gottes Wort versammelt. Pastor Rolf Bareis aus Samara hat sich für diese Hilfe noch persönlich bedankt – mit folgenden Worten (siehe Brief a) und (Foto b).

Auszug aus »Svetdienas Rits«, Zeitschrift der Evangelisch-lutherischen Kirche Lettlands, erscheint seit Januar 1920.

Ausgabe Nr. 8 (1287) vom 25. April 1920.

Sandra Gintere

Gott hält über allem Seine Hand.

»Einer der herzlichsten und treuesten Freunde und Förderer der ELKL und der Luther Akademie ist der emeritierte Bischof der Selbständigen Lutherischen Kirche in Deutschland (SELK) Jobst Schöne. Er hat viel getan, um die Kirche in Deutschland über die Arbeit und die Initiativen unserer Kirche zu informieren und hat praktische und materielle Förderung der Luther Akademie organisiert. Dort hat Bischof Schöne sich sowohl als Gast als auch als Referent bei mehreren theologischen Konferenzen der ELKL beteiligt. Weil Jobst Schijne zur Zeit an der Universität Tartu tätig ist, führt ihn sein Weg oft nach Lettland, um uns in dieser für unser Volk und unsere Kirche in Lettland so entscheidenden Zeit zu stärken und zu ermutigen. Er war auch am Sonntag Palmarum in Lettland, um am Abschiedsgottesdienst von Professor Roberts Feldmanis teilzunehmen. Eine Woche danach war er mit uns wieder bei dem Osternachtsgottesdienst und bei dem Gottesdienst in der Frühe des Ostersonntags im Dom zu Riga beisammen.

Bischof Schöne sagte, daß er im Zusammenhang mit Lettland von neuem ernsthaft über das Leiden und dessen Folgen nachgedacht hätte. Besonders über jenes Leid, bei dem man die eigene Sünde oder Schuld als Ursache nur schwer erkennen kann. Er erwähnte, daß seine Mutter starb, als er fünf Jahre alt war, was zweifellos einen Schatten auf seine ganze Kindheit geworfen hat. Aber in der letzten Zeit hätte er viel über Professor Feldmanis und die Männer des Glaubens nachgedacht, die ihm ähnlich waren, die weder die Todeslager Sibiriens noch das jahrzehntelange Regime der Gottlosigkeit in der Heimat zerbrechen konnten. Einer der jüngeren Pastoren, ein geistlicher Sohn des Professors, hätte ihm gesagt, daß es, sollte die Lutherische Kirche Lettlands ein Verzeichnis ihrer Heiligen einführen wollen, zuerst Professor Feldmanis sein müßte. »Ich kann es nur bewundern, wie segensreich und gewaltig die Früchte des geistlichen Dienstes eines einzigen Menschen gewesen sind. Trotzdem kann ich auch die Geistlichen und Laien nicht vergessen, deren Glaube dadurch zerbrochen wurde, daß man sie physisch und moralisch zerstörte. Das ist eine der großen europäischen Fragen des 20. Jahrhunderts, die man menschlich nicht beantworten und erklären kann.

Zukunftsvision.
Nach den Zukunftsperspektiven des Christentums und der Christen gefragt, sagte der Bischof: »Mit Recht kann man unsere Zeit mit der Aufklärungszeit vergleichen, als die kirchliche Praxis und die christliche Wahrheit bis zum Grunde angezweifelt wurden. Ebenso scheint es mir, daß es mindestens in der nächsten Zeit weniger aktive Christen geben wird und daß diejenigen, die ihren Glauben praktizieren, zu einer Minderheit in der Gesellschaft werden. Das ist nicht erfreulich, doch ich bin gewiß, daß nichts vergeblich ist, was die Kirche und die Christen tun, Gottesdienste halten, Bücher herausgeben, die Gesellschaft ansprechen. In solchen Fällen denke ich an den ersten Verkündiger des Evangeliums in Neuseeland, der dort 30 Jahre war und wirkte ohne eine einzige Taufe oder andere greifbare Ergebnisse. Und als es ihm schien, daß er sein ganzes Leben dort vergebens verbracht hätte, meldeten sich plötzlich viele zur Taufe an, und es begann eine Massenbekehrung zum Christentum. Vielleicht leben auch wir in einer solchen Zeit? Erwartet Europa vielleicht etwas ähliches? Als die Rede auf die Gesamtentwicklung Europas kam, verbarg Bischöf Schöne nicht seine Sorgen gegenüber dem Hineinströmen und der Ausbreitung des islamischen Glaubens und der islamischen Kultur in Europa. Er meinte auch, daß diese Gegenüberstellung »von Angesicht zu Angesicht« mit dem Islam das christliche Europa ernsthaft zu einem Nachdenken über seine Identität und zum Sich-bewußt-Werden der eigenen Wurzeln führen könnte, um das auf die Gegenwart zu übertragen.

Zum Abschluß, fast als Zusammenfassung alles Bedachten, der Themen, die anfangs sogar unterschiedlich betrachtet wurden, sagte Bischof Schöne: »Was uns in Deutschland, Lettland und in der ganzen Welt gemeinsam ist, ist, daß Gott über allem Seine Hand hält. Auch in dieser augenblicklich so komplizierten Situation in Lettland werdet ihr durch diese Wahrheit gestärkt. Gott ist der Schöpfer dieser Welt, Er ist auch deren Erhalter und bestimmt ihr Schicksal.«

Die Opfer unter den Pastoren im Jahre des Schreckens.
34 493 Einwohner Lettlands wurden im Jahre des Schreckens zu Opfern der Bolschewiken, darunter 12 lutherische Pastoren. Elf von ihnen wurden am 14. Juni 1941 deportiert.
Zu ihnen gehörten:
 1. Prof. Dr. theol. L. Adamovics
 2. Pastor Dr. theol. E. Rumba
 3. Der Pastor der Kirchengemeinde Lielvarde P. Gailtris
 4. Der Pastor der Kirchengemeinde Krimula A. Kauklis
 5. Der Pastor der Kirchengemeinde Nica A. Senbergs
 6. Der Pastor der Kirchengemeinde Lutriqi-Varme J. Kangars
 7. Der Pastor der Kirchengemeinde Celmenieki-Pampali-Grieze E. Ilens
 8. Der Pastor der Kirchengemeinde Lasi-Ilukste E. Placis
 9. Der Pastor der Kirchengemeinde Stende-Spare J. E. Ozolins
 10. Der Pastor der Kirchengemeinde Sece-Liepupe J. Lapins
 11. Pastor E. Smilga, der gerade sein Studium beendet und seinen Dienst als Pastor noch nicht angetreten hatte. Die Kommunisten richteten einen weiteren lutherischen Geistlichen physisch zugrunde, Propst Atis Jaunzems. als sich die Rote Armee Ende Juni aus Riga zurückzog, verschleppten Rotarmisten den Propst und seinen Vetter aus seinem Hause in Salaspils und erschossen sie ohne eine Anklage und Gerichtsurteil im nahe gelegenen Walde.«

Dasselbe ereignete sich auch in den Ländern Estland, Litauen in der Schreckenszeit.

Евангелическо-Лютеранская
Церковь России
**Московская Община
Церкви свв. Петра и Павла**

Evangelisch-lutherische Kirche
in Rußland
**St. Peter und Paul Kirche
Moskau**

Herrn

Propst Erich Schacht

Einladung
zum Erntedank-Festgottesdienst
am 4.10.98 - 10.30 Uhr in der Ev.-Luth. St. Peter und Paul Kirche.

In diesem Gottesdienst findet die **Einweihung** des früheren Altarraumes der Kirche als Gottesdienstraum statt, sowie die **Einführung** des Pastors P.Uric als Propst der Propstei Moskau. Wir laden dazu herzlich ein und würden uns freuen, Sie unter uns begrüßen zu dürfen.

Der Gemeinderat der Ev.-Luth. St. Peter und Paul Kirchengemeinde

Wladimir von Küntzel, Stellv.Vorsitzender

Peter Uric, Pastor

Dietrich Lotow, Pastor

Einladung zum Erntedank-Festgottesdienst in der St. Peter und Paul Kirche zu Moskau.

Im ersten Buch habe ich von unserem Pastor Gustav Adolf Uhle aus Schitomir »Heimtal« Wolhynien berichtet. Hier möchte ich noch etwas von seinen Kindern berichten:

Viktor und Edith wohnten in Leningrad bei ihrer Tante Bertha. Als Leningrad während dem zweiten Krieg eingekesselt war, war Viktor 16 Jahre, er mußte Schutzgraben bauen. Als aber die anderen Jungen erfuhren, daß er ein Deutscher war, mißhandelten und schlugen sie ihn, nahmen ihm die tägliche Brotration weg. So starb er vor Hunger und Mißhandlungen.
Edith wurde mit anderen Kindern über das Eis nach Kasan gebracht und von dort nach Uljanowsk. Sie lehrte als Lehrerin der Physik.

1994 auf der Reise nach Omsk zur Einsegnung des Kirchen-Kultur-Zentrums machte ich mich mit Waldemar Neumann bekannt. Er ist ein Verwandter von Edith. Auf seine Bitte hin besuchte ich die Edith in Uljanowsk. Sie freute sich sehr, nicht nur über die mitgebrachte Hilfe von ihrem Verwandten, sondern auch, daß wir uns wieder nach so langer Zeit sehen konnten.

Sie besucht regelmäßig die ev.-luth. Kirche in Uljanowsk, die bereits renoviert wurde.

1996 begleitete ich sie von Rußland nach Deutschland.

v. l. Edith Uhle und Waldemar Neumann

Am 29. September 1998 bekam ich eine Einladung von der Evang.-Luth. Kirche aus Rußland (Eparchie Europäisches Rußland) zum Erntedankfest-Gottesdienst am 4. 10. 1998 in der Petri-Paul-Kirche in Moskau. Ich freute mich sehr über diese Einladung, denn während dieses Gottesdienstes sollte die Einweihung des früheren Altarraumes der Kirche stattfinden und auch Pastor Urie als Propst eingeführt werden. Es war für mich ein besonderer Ruf. Denn schon lange dachte ich, wie es einmal möglich sein

Foto: Prachtbibel

könnte, die große Prachtbibel, die seit 1970 bei mir war, wieder der Kirche in Moskau zu überführen. Herr Bischof S. Springer freute sich über meine Absicht, dies zu tun. So konnte ich mit Hilfe von Bruder Heiner Koch aus Hannover diese Reise am 3. 10. 1998 machen und die Bibel zur Petri-Paul-Kirche bringen. Am 4. 10. 1998, um 10. 30 Uhr, begann der Gottesdienst, und die Bibel wurde auf den Altar gestellt. Freudentränen rollten mir über die Wangen, darüber, daß ich würdig war, die Bibel zu retten, aufzubewahren und zur Heiligen Stätte zurückzubringen. Pastor Peter Urie und Bischof Siegfried Springer informierten die Gemeinde über die Bibel (Abdruck »Diese kostbare ...«). Der renovierte Altarraum konnte die vielen Gäste nicht fassen. Die 250 Stühle, von der deutschen Botschaft geschenkt, waren besetzt und alle freien Gänge standen voll mit Gottesdienstbesuchern. Noch nie habe ich solch einen vielfältig gesegneten Festgottesdienst erlebt. Gäste der Regierung aus Moskau und der Deutschen Botschaft versprachen, auch weiterhin mitzuhelfen, die Kirche zu renovieren.

Vom 7. bis. 9. 10. 1998 fand die 6. Synode der Eparchie statt, und ich durfte als Gast teilnehmen. Sie fand auch im renovierten Altarraum statt. In diesen drei Tagen konnte ich mich mit vielen Schwestern und Brüdern aus den Gemeinden des Europäischen Rußlands treffen, ihre Freuden und Nöte hören und, wo es möglich war, helfen. Den Abschluß der Synode bildete ein Festgottesdienst, in dem Wera Sauer aus Astrachan zur Predigerin ihrer Gemeinde eingesegnet wurde, der Prediger Leonid Zwicki aus Witebsk zum Pfarrer ordiniert, die Pfarrer David Rerich aus Perm und Alexander Scheiermann aus Saratow zu Pröpsten eingeführt wurden. Gott schenkte mir noch in meinem Alter diese segensreichen Tage, wofür ich ihm sehr dankbar bin.

Diese kostbare Bibel aus dem 17. Jahrhundert wurde im Jahre 1833 der Michaeliskirche zu Moskau gewidmet und befand sich dort, bis im Jahre 1928 die Sowjetregierung den Kirchenbau niederreißen ließ.

Die Heiligen Geräte wurden zum Teil einem Museum übergeben, zum Teil in die reformierte Kirche zu Moskau gebracht - wie auch diese Bibel. 1970 besuchte Propst Erich Schacht wieder einmal die Baptistengemeinde in Moskau, die in der Reformierten Kirche Gottesdienst feierte. Einer der Gemeindeältesten informierte ihn, daß in einem Schuppen bei der Kirche eine große Anzahl lutherischer Bücher lagere. Da man vermutete, daß der Schuppen bald verschwinden würde, überließ man Propst Erich Schacht die Schlüssel und erlaubte ihm, unter Ermahnung zur Vorsicht, die ausgelagerten Bücher zu sichten. Über 500 Bücher konnte er so - nach 30jähriger Lagerung- in Sicherheit bringen. Der Schuppen brannte kurze Zeit später ab. Gerettet waren Gesangbücher, Neue Testamente, Katechismen, Predigtbücher und diese Bibel, mit Nässeschäden.

Sein Bruder Hugo Schacht - ein Buchbinder - restaurierte die Bibel und seine Schwester Selma Schacht hütete sie 23 Jahre lang in ihrer Wohnung. 1993 kam die Bibel im Gepäck seines auswandernden Sohnes Andreas aus Sysran/Wolga nach Deutschland und nun bringt Propst Erich Schacht sie nach 70 Jahren hierher zurück, in die zum Teil schon renovierte Petri-und-Pauli-Kirche, die Nachfolgerin der ehemaligen Michaeliskirche, die heute nach vielen Jahrzehnten der weltlichen Nutzung als christliche Kirche wiedereingeweiht wird.

Eparchie und Gemeinde danken Herrn Propst Erich Schacht für seinen treuen Einsatz zum Wohle der lutherischen Gemeinde in schwerster Zeit und für die Übergabe dieser besonders für die Moskauer Gemeinde sehr kostbaren Bibel.

Peter Urie **Johann Heinbüchner** **Siegfried Springer**
Pastor Gemeinderatsvorsitzender Bischof

Moskau, den 04.Oktober 1998

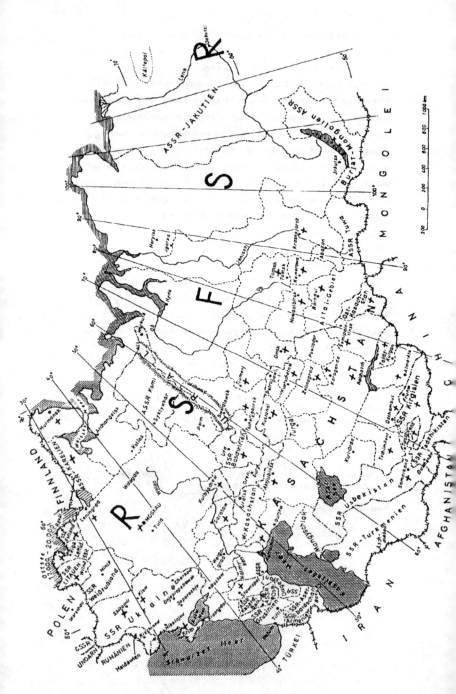

Ein weiteres Buch von Erich Schacht

Erich Schacht
In Rußland erlebt mit Jesus

168 Seiten
Bestell-Nr. 72 385

»Mit großer Betroffenheit habe ich erstmals so ausführlich den Lebensweg von Erich Schacht gelesen und bin des Entsetzens über menschliche Grausamkeiten ebenso voll, wie ich über die Wunder Gottes staune. Ich kann es kaum fassen, was ein Leben eines Menschen an Bitterkeit und Gotteserfahrungen umschließen kann ... Wir können nicht oft genug den Menschen hier den wahren Charakter der Sowjetunion vorführen und ihnen zugleich vom Glaubensweg der Märtyrer berichten.«
Landesbischof i. R. Hans v. Keler

»Wenn man einmal mit dem Lesen dieses Berichtes angefangen hat, hört man nicht mehr auf.«
Landesbischof Horst Hirschler

Bitte fragen Sie in Ihrer Buchhandlung nach diesen Büchern!

Bücher von Ernst Modersohn bei VLM

Lohn der kleinen Kraft
Auslegungen zum Sendschreiben an die Gemeinde in Philadelphia

72 Seiten, Bestell-Nr. 477 773

Biblische Betrachtungen über den Brief des auferstandenen und wiederkommenden Herrn an die Gemeinde in Philadelphia aus dem Buch der Offenbarung. Das Wort Ernst Modersohns, das er der Gemeinde Jesu Christi zu sagen hat, ist heute noch genauso wichtig oder noch wichtiger als zur Zeit des ersten Erscheinens dieser Schrift.

Erfahren und erlebt mit Gott

80 Seiten, Bestell-Nr. 477 774

Ernst Modersohn hat sehr viel mit Gott erlebt. An seinen wunderbaren Erfahrungen möchte er Sie teilhaben lassen. Die Erlebnisse sind voll von Überraschungen, oft aber auch ganz Alltägliches. Doch gerade das macht das Buch lesenswert.

Bitte fragen Sie in Ihrer Buchhandlung nach diesen Büchern!